17世紀前半にブータンに統一国家を誕生させたシャプドゥン・ガワン・ナムゲルの肖像

キチュ寺の周りに佇む年配のブータン人たち

個人宅で行われる法要の祭壇。トルマと呼ばれる色鮮やかな供え物は、大麦粉に水とバターを混ぜて作られる

首都ティンプーは人口約10万人のブータン最大の都市。標高2,320mの地にある

ブータンの大学生たち。ブータンでは、首都ティンプーに学生が集中しないよう、多くの学部のキャンパスが地方に作られている

プナカゾン。ポチュ川とモチュ川の合流点にあるプナカは、かつてブータンの首都だった。シャプドゥンは今もこのゾン(城塞)で瞑想中とされる

国民の
幸せをめざす
王国

ブータン

འབྲུག་ཡུལ།

熊谷誠慈 編著

創元社

序✣ブータンことはじめ

ヒマラヤの王国ブータン

ブータンはヒマラヤ山脈の南麓に位置する王国です。国土面積は三万八四〇〇平方キロメートル、九州程度の大きさです。北側はチベットに接し、西側はインド共和国シッキム州（さらにその隣はネパール）、東はアルナチャル・プラデーシュ州、南はアッサム州に接しています（一〇頁地図参照）。国土がインドとチベットに囲まれていることから、ブータンは双方から強い影響を受けてきました。

北端は七〇〇〇メートル級の山々がそびえる高山地帯、南端は標高五〇〇メートル以下の亜熱帯地域で、多様な気候のもと様々な動植物が生息しています。また、言語や文化も多様です。西ブータンではチベット語に近いゾンカ語を話しますが、東ブータンではツァンラカ語（シャルチョッパ語）を、そして南部に多く住むネパール系の住民はネパール語を話します。またブータン北部のラヤ、東端のメラ、サクテンなどの地域では独特の伝統衣装を身に着け、地域ごとに異なる文化が存在しています。

宗教については仏教徒の人口がいちばん多く、ヒンドゥー教徒が続きます。近年、キリスト教に転向するブータン人も出てきているようです。人口はわずか七〇万人程度の小さな国ですが、多種多様な気候、言語、文化、宗教が存在しており、訪れる人々を飽きさせません。

ブータンに統一国家が成立したのは一七世紀前半です。シャプドゥン・ガワン・ナムゲル（一五九四―一六五二）がチベット仏教の一派であるドゥク派による宗教国家ドゥクユル（ドゥク派の国）を建国したわけですが、それ以前には、現在のブータンの地はチベット文化圏の一地域に過ぎませんでした。一九〇七年にはワンチュック王朝が誕生し世俗国家となって現在に至ります。

「秘境ブータン」から「幸福の国ブータン」へ

ブータンが開国したのは一九七〇年代、ジクメ・センゲ・ワンチュック第四代国王（一九五五―）の治世になってからのことです。ブータンを公式に訪問した最初の日本人は、大阪府立大学助教授（当時）の中尾佐助氏です。中尾氏は一九五八年にブータンを訪問、翌一九五九年には『秘境ブータン』を出版し、わが国にブータンを紹介しました。以後、ブータンの農業改革を行った西岡京治氏や、本書の執筆者である栗田靖之氏、今枝由郎氏などブータンに長期滞在をする日本人も出てきましたが、多くの日本人にとって（少なくとも私にとって）、ブータンは最近まで馴染みの薄い、秘境のような国であったように思います。

一九七二年に弱冠一六歳で即位した第四代国王は、「国民総幸福」（GNH：Gross National Happiness）の理念のもと国家運営を行いましたが、二〇〇〇年頃から「国民総幸福」の理論化、政策化が始まりました。王立ブータン研究所（Centre for Bhutan Studies and GNH Research）を中心に幸福指標の研究が進み、幸福をテーマとした国際会議も開催され、海外から熱い視線を浴びるようになりました。わが国では、東京都荒川区がいち早く「荒川区民総幸福度」（GAH：Gross Arakawa Happiness）として区政に取り込み、その後、各地の自治体から成る「幸せリーグ」も誕生し、行政からの注目も高まりました。

国王来日によるブータンブーム

一部の研究者や行政関係者の中では、すでにブータンは注目されていましたが、日本におけるブータンブームの火付け役は、ジクメ・ケサル・ナムゲル・ワンチュック第五代ブータン国王（一九八〇—）でしょう。二〇一一年三月の東日本大震災から八カ月たち、全国的に疲労感が漂っていた中、第五代国王が訪日しました。福島県相馬市への訪問や、国会での演説など、訪日時の様子が毎日報道され、ブータンに対する興味が高まり、一時的とはいえブータンブームが巻き起こりました。その頃、私はブータン研究を開始した直後でしたが、国内にブータン研究者が少なかったこともあり、仏教研究者の私のもとにも多くの問い合わせがありました。「ブータンのことをもっと知りたい」と。

ブータン学研究室およびブータン文化講座の立ち上げ

少し時間は遡りますが、二〇一〇年一二月、京都大学副学長（当時）の吉川潔氏からブータン研究に携わるようにとの要請があり、京都大学霊長類研究所長（当時）の松沢哲郎氏が世話役を務める「京都大学ブータン友好プログラム」に参加することになりました。二〇一一年七月には、京都大学こころの未来研究センター長の吉川左紀子氏からの誘いによりブータンを初訪問、ブータンの魅力に取りつかれ、帰国後すぐにブータン仏教の研究を開始しました。幸い、旧知のフランス国立科学研究センター研究ディレクター（当時）の今枝由郎氏に、ブータン研究の相談役になっていただけたことで、研究を効率的に進めることができました。

二〇一二年一月には、今枝氏立ち合いのもと、王立ブータン研究所と研究協定を結び、四月には京都大学こころの未来研究センター（旧・上廣こころ学研究部門）に「ブータン学研究室」を立ち上げ、仏教をメインテーマとしたブータン研究を進めていきました。

しかし、私自身、仏教以外の知識はありませんでしたので、各領域の専門家をお招きして、一般向けの「ブータン文化講座」と、専門家向けの「京都大学ブータン研究会」を開始しました。現在までに、医学から工学、農学、環境学、経済学、開発学、社会学、歴史学、仏教学まで、幅広いテーマで講演や研究発表が行われ、ブータンを学ぶ絶好の機会となりました。

そうした中、講演会や研究会に参加できなかった方々から（参加された方々からも）、これまでの講演を書籍化してほしいという要望が多数寄せられました。ブータン文化講座では、書籍や論文などでは扱われていない貴重な情報も多く提供されましたので、そうした未公表の情報も含めて書籍化することにいたしました。

本書の構成

以上のような背景のもと、本書は、ブータンをより詳しく知りたいと望まれる一般の読者を対象に、ブータン文化講座でご講演いただいたブータン研究者に、講演内容に沿って論稿を執筆していただきました。それらを、以下のとおり、歴史、文化、社会、自然という四部構成に組み直しています。

第Ⅰ部　ブータンの歴史：ブータンの歩みをたどる〔熊谷誠慈・京都大学こころの未来研究センター上廣倫理財団寄付研究部門部門長／特定准教授〕／日本とブータンの交流史――京都大学を中心に〔栗田靖之・国立民族学博物館名誉教授〕

第Ⅱ部　ブータンの文化：仏教と戦争――第四代国王の場合〔今枝由郎・京都大学こころの未来研究センター特任教授〕／ブータンの仏教と祭り――ニマルン寺のツェチュ祭〔今枝由郎〕／イエズス会宣教師の見たブータン――仏教とキリスト教〔ツェリン・タシ・作家〕／ブータンの工芸品〔ラムケサン・チューペル・ブータン王国工芸品振興事業団CEO〕

第Ⅲ部　ブータンの社会：輪廻のコスモロジーとブータンの新しい世代〔西平直・京都大学大学院教育学研究科教授〕／ブータンの魅力とGNHの現在――世界はGNH社会を求めるのか〔草郷孝好・関西大学社会学部教授〕／「関係性」から読み解くGNH〔国民総幸福〕〔上田晶子・名古屋大学大学院国際開発研究科准教授〕

第Ⅳ部　ブータンの自然・環境：東ブータンの自然と農耕文化〔安藤和雄・京都大学東南アジア地域研究研究所准教授〕

もちろん、本書一冊だけでブータンのすべてを知ることはできませんが、読者の皆様には、本書を通じて、少しでも広い視野からブータンについて関心を持っていただけることを心より願っております。

二〇一七年五月一〇日

熊谷誠慈

目次

10頁地図製作　河本佳樹（編集工房ＺＡＰＰＡ）
ブックデザイン　鷺草デザイン事務所
組　版　東　浩美
編集協力　原　章（編集工房レイヴン）

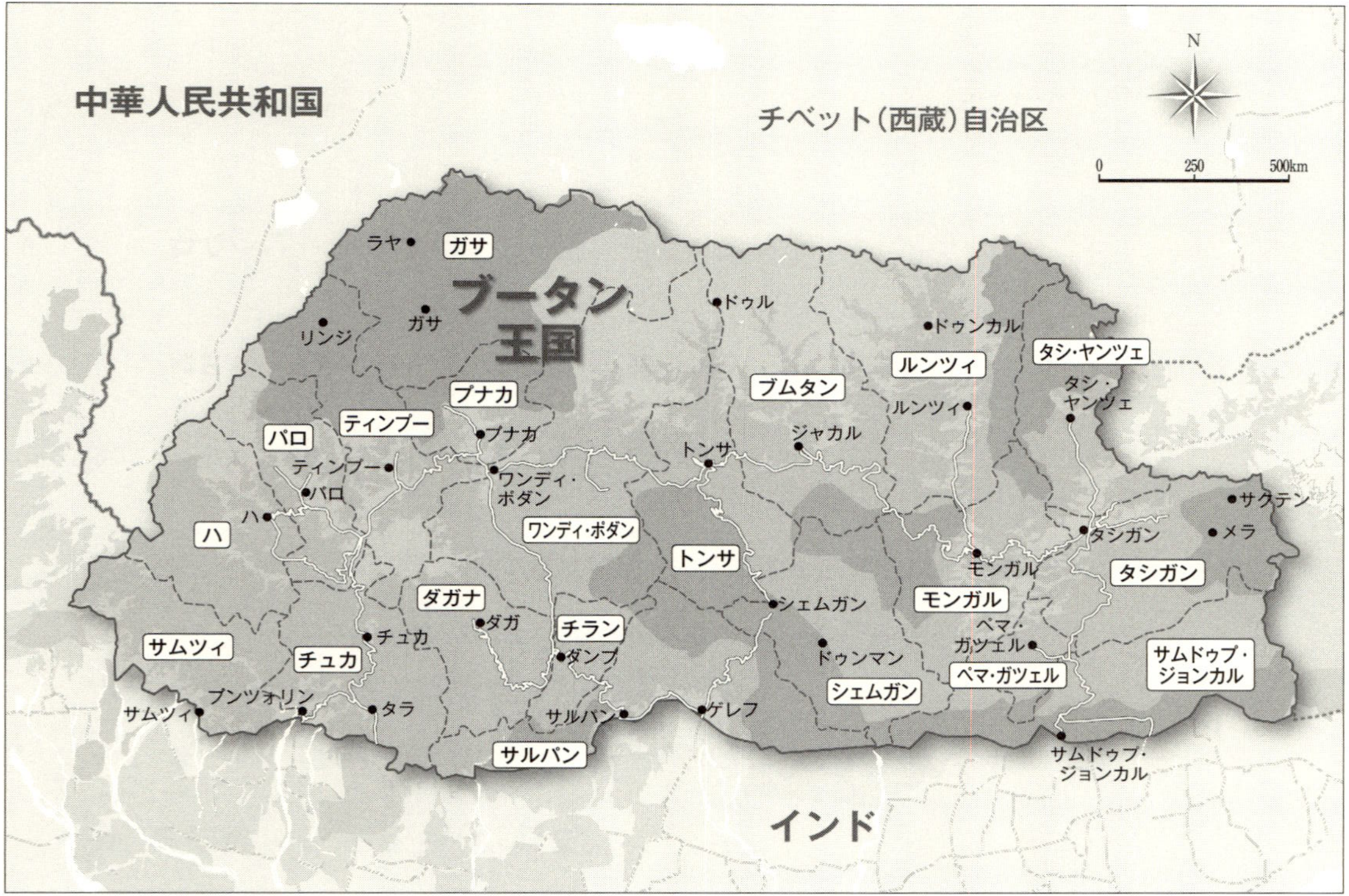
中華人民共和国
チベット（西蔵）自治区
N
0
250
500km
ブータン王国
ガサ
ラヤ
ガサ
リンジ
ドゥル
ドゥンカル
ルンツィ
タシ・ヤンツェ
ブムタン
ルンツィ
タシ・ヤンツェ
プナカ
ティンプー
パロ
プナカ
トンサ
ジャカル
ティンプー
ワンディ・ポダン
パロ
サクテン
ハ
ワンディ・ポダン
ハ
タシガン
メラ
トンサ
モンガル
タシガン
ダガナ
シェムガン
モンガル
ダガ
チラン
ペマ・ガツエル
チュカ
サムツィ
ドゥンマン
チュカ
ダンプ
サムドゥプ・ジョンカル
ペマ・ガツェル
シェムガン
ブンツォリン
タラ
サムツィ
サルパン
ゲレフ
サルパン
サムドゥプ・ジョンカル
インド

第Ⅰ部
ブータンの歴史

ウラの街の子どもたち

第１章 ❖ ブータンの歩みをたどる

熊谷誠慈

秘境ブータン

二〇一一年一一月のジクメ・ケサル・ナムゲル・ワンチュック第五代ブータン国王の来日以降、わが国ではブータンに興味を持つ方が増えてきました。ブータンに関する報道やテレビ番組も増え、雑誌でのブータン特集や、エッセイなども多数出版され、インターネットにもたくさんの情報が流通し、ブータンに馴染みが深くなってきたように思います。しかし、少し詳しくブータンを知ろうとすると、情報量が急に乏しくなり、もどかしさを覚えるのも事実です。中尾佐助氏が一九五九年に『秘境ブータン』を出版してすでに五〇年以上が経ち、ブータンへの個人旅行も可能となった今日でさえ、実際のところは、いまだ手にはいる情報もごく限られた「秘境」と呼べるかもしれません。

本書は、学問領域の壁を越え、多様な視点からブータンを捉えることが目的ですが、まずはブータンの基礎知識として、ブータン史を概観しておきたいと思います。本章では、以下の三つの時代区分に沿ってブータンの歴史を概説します。

1　ブータンの建国まで（～一七世紀前半）

ブータンへの仏教伝来

後述のとおり、ブータンが国家として成立したのは一七世紀前半です。それ以前のブータンは、チベット文化圏の一地域に過ぎませんでした。ただし、チベットそのものだったのかと言われると、そうではありません。

チベット語でチベットは「プー」と呼ばれます。「プー」とは、現在の中華人民共和国チベット自治区に、青海省および四川省の一部を加えた、ヒマラヤ山脈以北の広大なチベット高原に広がるチベット人の居住地域一帯を指します。

他方、ブータンや、その東隣のインド共和国アルナーチャル・プラデーシュ州タワン県および西カメン県あたりの地域は「モン」と呼ばれていました。「モン」とは「暗闇」という意味ですので、いわゆる「黄泉の国」のようなイメージであったのかもしれません。ブータン人（ドゥクパ）もタワン県の人々（モンパ）も、民族的にはチベット人（プーパ）とは区分されますが、七世紀から一九世紀までは、政治的にも宗教文化的にもチベット文化圏に属していました。

七世紀以前のブータンについては歴史書による記述が存在しないため、考古学的な研究に頼らなければなりません。紀元前二〇〇〇－一五〇〇年頃には、現在のブータンの地に人間の住んでいた痕跡があったと述べる研究者もいます[1]。

北隣のチベットに初めて統一王朝が誕生したのは七世紀前半のことでした。中央チベットを統一し吐蕃《とばん》王朝を創立したソンツェン・ガンポ王（五八一／六一八－六四九）は、中央チベット統一後、周辺地域の統一も進めていきました。インドからチベットに仏教が公式伝来したのも同王の時代だと言われています。

ブータンの伝承では、ソンツェン・ガンポ王がブータンの地にも仏教寺院を建立したとされています。たとえば、ブータン西部パロ県のキチュ寺や、ブータン中部ブムタン県のジャンパ寺などです。

現在のブータンの地にチベット仏教各宗派の布教が本格的に始まったのは一二世紀末頃からだと思われます。吐蕃王朝が崩壊した九世紀末以降、チベットにおける仏教は衰退気味となりましたが、一一世紀頃から仏教復興運動が起こり、当時のインド最先端の仏教が中央チベットを経由し、チベット文化圏に広く伝播していきました。

ブータンは中央チベットの南方に位置しており、布教地域としては絶好の場所でした。さらに、ブータン領内の温暖な地域では米や竹製品などの生産が可能であり、三〇〇〇メートルを超え資源の乏しいチベット高原に居住していたチベット人たちにとっては、施主を獲得するうえで魅力的な地域でもありました。そうした背景から、チベット仏教の各宗派が積極的にブータンへの布教を行いました。

ブータンに伝わったチベット仏教諸宗派とドゥク派

ブータンにおける現在の多数宗派であるニンマ派は、中央ブータンから東ブータンにかけて最大の勢力を持ち、国教ドゥク派は西ブータンに勢力圏を築いていきました。サキャ派は北ブータンから西ブータンの一部に、ゲルク派は東ブータンの一部に拠点を築きました。[2] また、後にブータンを建国することになるシャプドゥンがブータンに亡命した際に、攻撃を仕掛けてきた「ラマ五派」と呼ばれる五つの少数宗派も、一七世紀前半まではブータンに拠点を持っていました。

後にブータンの政権を担うことになったドゥク派は、一二世紀末に誕生しました。開祖はツァンパ・ギャレー（一一六一－一二一一）です。この人物については、史料不足のため長らくその人物像は不明でしたが、最近の研究により、少しずつわかってきました。[3] ツァンパ・ギャレー自身はブータンでの布教はできませんでしたが、第二祖ダルマ・センゲ（一一七七－一二三七）の時代にドゥク派のブータン進出が始まります。ダルマ・センゲは、弟子のパジョ・ドゥゴムシクポ（一一八四－一二五一）を現在のブータン西部に派遣し、現在の首都ティンプー北部にあるタンゴ寺など、多数の寺院を建立しました。また、パジョが現地で子孫を残したことで、ブータン西部にドゥク派の支持基盤ができあがりました。彼らは一七世紀前半、亡命時のシャプドゥンを大きくサポートすることになります。

ブータンに伝わったチベット仏教諸宗派	
多数派	ニンマ派 ドゥク派
少数派	サキャ派 ゲルク派 ラマ五派など

ドゥク派の本山はラルン寺というお寺で、チベットの首都ラサから南西方向、ブータンとの中間あたりに位置しています。ドゥク派は他

の宗派よりも本山がブータンに近く、ブータンへの布教という意味では地理的に有利であったと思われます。開祖ツァンパ・ギャレーはラサ近郊にドゥク寺（龍の寺）という分院も建立しています。このお寺が建立されたときに、雷が数回鳴ったと言われています。チベットでは、雷鳴はドゥク（龍）の鳴き声だとみなされていたことから、このお寺はドゥク寺と呼ばれるようになり、宗派の名前にもなりました。後に建国されたブータンは、チベット語やゾンカ語（ブータンの国語）では、ドゥクユル（ドゥク派の国）と呼ばれることになり、お寺の名前が国名にもつながったのです。以後、ドゥク派は、ラルン寺を本山とし、ブータン西部との結びつきを強めていきました。

2 ブータンの建国とドゥク派宗教政権（一七世紀前半〜一九〇七年）

ドゥク派の分裂とブータンの建国

ツァンパ・ギャレーを祖とするドゥク派の座主は、叔父から甥へと引き継がれる形で、ツァンパ・ギャレーの一族であるギャ氏によって保持されていきました。[4] 開祖ツァンパ・ギャレーの時代には血縁が重視されていましたが、一五世紀頃になるとドゥク派においても高僧の化身制度が重視されるようになりました。[5] 化身制度とは、高僧が死後に化身として生まれ変わるという制度で、カルマカギュ派のカルマパや、ゲルク派のダライ・ラマなどが有名です。

一六世紀に活躍したペマ・カルポ（一五二七–一五九二）という高僧の死後、化身認定争いのためにドゥク派が分裂することになります。ペマ・カルポはドゥク派史上最高の学僧とも言われ、死後には二人の化身候補が現れました。一人は地方領主の息子パクサム・ワンポ（一五九三－一六四一）、もう一人はドゥク派の第一七代座主シャプドゥン・ガワン・ナムゲルでした。両者の化身認定争いが激化したことにより、中央チベットのツァン地方の摂政（ツァン・デシ）が介入し、パクサム・ワンポを真正な化身と認定しました。

化身認定争いに敗れたシャプドゥン・ガワン・ナムゲルは、本山のラルン寺からブータン西部に拠点を移しました。すでに、パジョの子孫たちが西ブータンに住んでおり、シャプドゥンが拠点を移した際の支持基盤となりました。シャプドゥンのブータン亡命後、西ブータンのティンプー県、パロ県、プナカ県、ワンデュポダン県西部は、シャプドゥンの支配下となり、以後、ブータン中部、東部への遠征が行われていくことになります。ブータン東端のタシガン県のカリンがドゥク派の勢力下に入ったのは、シャプドゥンの死後である一六五六年のことでした。

ドゥク派政権による国家運営

かくして一七世紀の前半にシャプドゥン・ガワン・ナムゲルによる統一国家が誕生します。チベット語やゾンカ語ではドゥクユル（ドゥク派の国）と呼ばれ、インドやイギリス側からはブータン（チベットの端）と呼ばれることになりました。シャプドゥンはブータンの政治と宗教の全権を保持していましたが、晩年には摂政（デシ）と大僧正（ジェケンポ）を任命し、政治と宗教の権力をそれぞれに委譲しました。以後、シャプドゥンを頂点とし、摂政と大僧正を代理統治者とする、三者での聖俗国家運営体制が続いていくことになります。

歴史学的には一六五一年にシャプドゥンが亡くなったとされていますが、ブータンの伝統では、シャプドゥンは一六五一年に旧都プナカのゾン（城塞）の一室に籠り、今も瞑想を続けていると考えられています。日本でいえば、高野山で現在もお籠り瞑想中として信仰を集める弘法大師と似ていますね。一六五一年以降、摂政と大僧正の任命に際しては、当該者がシャプドゥンの部屋に入り、シャプドゥンから直々に任命を受けるという形を取っています。

精神的にはシャプドゥンは死んでいない（瞑想中）ということになりますので、シャプドゥンの死後の生まれ変わりとしての化身は存在しませんが、生きているシャプドゥンの分身として、身体（身）、言葉（口）、心（意）の化身が誕生しました。ただし、全権を手にしているのは、あくまでプナカゾンにて瞑想中のシャプドゥンであり、その権力を委譲される形で、摂政が政治を、大僧正が宗教を司るという体制が続いていきます。

国家運営という意味では、摂政が重要な役割を担っていました。摂政のもと、ペンロプと呼ばれる三名の行政官が、ティンプー以外の三つの地域を治めました。まず、西部をパロ・ペンロプが、南部をダガ・ペンロプ、そして中部および東部をトンサ・ペンロプが統治しました。とくにトンサ・ペンロプはブータン国土の三分の二程度の広大な領地を統治していましたので、三人のペンロプの中でも最大の勢力を持ち、時として摂政よりも力を持つようになりました。

大英帝国との関係

ブータンは長らく、チベット文化圏の枠組みの中で国際関係を構築してきましたが、一八世紀以降、欧米の影響を受けるようになります。欧米といっても主としてイギリス、そしてイギリス領インド帝国からの影響ということになります。

ブータンの地にドゥク派による統一王朝が成立したのち、一七世紀後半から一八世紀にかけて、ブータン側は、南側のコーチ・ビハール地方にも進出し、勢力下に置きました。一八世紀後半には、トンサ・ペンロプの任命したコーチ・ビハールの領主がイギリス東インド会社に寝返り、東インド会社とトンサ・ペンロプが衝突、東インド会社側が勝利し、トンサ・ペンロプ側はブータン領内に撤退しました。

以後、主だった衝突はありませんでしたが、一九世紀半ばには再び緊張関係が生まれました。一八五一年には、イギリス側がアッサム地方の領有を宣言し、ブータン側に対して年間一万ルピーの補償金を支払うことを一方的に宣告し、両者の緊張関係が高まりました。イギリスとブータンとの間で交渉が続けられたものの不調に終わり、一八六四年一一月一二日、インド総督がブータンに対して宣戦布告、一年にわたる戦争を経てブータンは降伏し、一八六五年一一月一一日にイギリスとブータンとの間でシンチュラ条約が結ばれました。ブータンは南側に広がるアッサム、ドゥアール地方の領土を失い、領土の補償として年間五万ルピーの補償金がブータン側に支払われることになりました。

このドゥアール戦争でイギリスと戦ったのは、当時トンサ・ペンロプであったジクメ・ナムゲル（一八二五―一八八一）でした。ジクメ・ナムゲルは、イギリスとの戦争を通じてイギリスとの軍事力の差を痛感し、以後、周辺諸国との戦争をやめ、摂政に就任してブータン国内の統一をはかっていきます。

その方針は、後にブータン王国初代国王となる、息子のウゲン・ワンチュック（一八六二―一九二六）に引き継がれることになります。

3　ワンチュック王朝成立以降（一九〇七年以降）

ドゥク派政権の終焉とブータン王国の成立

すでに父ジクメ・ナムゲルの時代に、ブータン国内はほぼ統一されていましたが、地方の領主たちによる反乱が断続的に続いていました。ウゲン・ワンチュックは、パロ・ペンロプからトンサ・ペンロプへと昇格していき、一八八〇年代には内乱もほぼ鎮圧しました。

一九〇七年、プナカの会議にてウゲン・ワンチュックが初代ブータン国王に選出され、ワンチュック王朝が誕生しました。この瞬間、二五〇年以上続いたドゥク派の宗教政権から、ワンチュック王朝による世俗政権へと移行したことになります。

ただし、ブータン国王は摂政と同格であり、あくまでシャプドゥン・ガワン・ナムゲルから任命されることで、国の統治を行うことが可能となります。皇太子が国王になる際には、摂政同様、プナカゾンのシャプドゥンの部屋に入り、シャプドゥンから直々に許可をもらう必要があります。

初代ブータン国王ウゲン・ワンチュックの治世

初代ブータン国王ウゲン・ワンチュックは国王就任後の一九一〇年、イギリスとプナカ条約を結びました。この条約は、一八六五年に父ジクメ・ナムゲルが結んだシンチュラ条約を更新したものです。

それにより、補償金が年間五万ルピーから一〇万ルピーに増額されました。また、イギリス政府がブータンの内政に干渉しないことが明記されましたが、外交に関してはイギリス政府の助言に従うことが義務付けられました。

またウゲン・ワンチュックは宗教教育と世俗教育の両方に力を入れました。カルマパ一五世（一八七一－一九二二）などチベットの高僧たちと親交を深め、チベットに僧侶たちを留学させていたようです。また、一九一四年には四六名の少年をインドのカリンポンのミッションスクールに留学させるなど、西洋式の近代教育にも力を入れました。こうした聖俗の人材が後のブータンを担うことになります。

二代ブータン国王ジクメ・ワンチュックの治世

二代国王ジクメ・ワンチュック（一九〇五－一九五二）の治世における最大の出来事は、一九四九年八月八日に締結されたインド・ブータン友好条約でしょう。この条約は、イギリスからのインド独立を受け、一九一〇年にイギリスとの間に締結していたプナカ条約を更新したものです。この条約により、インドとブータンは互いの内政には干渉しないという合意がなされましたが、外交に関する条項は引き継がれ、ブータンはインド側からの助言に従わなければなりませんでした。以後、ブータンはインドとの結びつきを強め、外交的にはインドの意向に従う代わりに、インドから経済援助を受け国土開発を進めるという関係性が構築されていきます。なお、外交干渉の条項が撤廃されたのは、二〇〇七年になってからのことでした。

三代ブータン国王ジクメ・ドルジ・ワンチュックの治世

三代国王ジクメ・ドルジ・ワンチュック（一九二九－一九七二）は、ブータンの近代化、国際化を急速に進めました。同国王は、インドのカリンポンやスコットランドなどで受けた英国式教育の中で国際的な視野を広げ、一九五二年に即位しました。

即位翌年の一九五三年には国民会議を、一九六五年には行政監視のために王立諮問委員会を設置し、絶対君主制から立憲君主制への移行に着手しました。以後、三代から四代、五代へと、国王自身が自らの権限を自発的に弱めていくことになります。

また国土開発も積極的に進めました。一九六一年には第一次五カ年計画が開始され、インドの出資により、道路や学校、病院などの建設が進められました。この五カ年計画はその後も続けられ、二〇一七年現在は、第一一次五カ年計画（二〇一三－二〇一八）の後半にあたります。

彼の最後の大仕事は国際連合への加盟（一九七一年七月二一日）でしょう。国連への加盟により、世界各国からブータンが独立国家として認められることになりました。

三代国王は「近代ブータンの父」とも呼ばれ、在位二〇年の間に数多の改革を進めました。急進的な改革への反対勢力によるクーデター未遂や国王暗殺未遂も起こり、必ずしも国情が安定していたわけではありませんが、第二次大戦後の世界再編の中、ブータンの独立を維持するために行った数多の改革が、続く四代国王の国家運営の基盤となり、現在のブータンの礎ともなっています。

四代ブータン国王ジクメ・センゲ・ワンチュックの治世

一九七二年、三代国王の急死をうけ、同年にトンサ・ペンロプに就任していた皇太子のジクメ・センゲ・ワンチュックが、一六歳という若さで四代国王として即位しました。四代国王は、複雑な国際関係の中、国の独立を維持するために難しい舵取りを強いられました。

第二次大戦後、南アジアや中央アジアへの領土的野心を持つ中華人民共和国と、それを防ごうとするインド共和国との間で緊張が高まり、中国とインドにはさまれた国々は衝突に巻き込まれていきます。一九五九年にはチベットが中華人民共和国に併合され、一九六二年には中印国境紛争が起こり、一九七五年にはシッキム王国がインド共和国に併合され、ブータン側の緊張も高まります。ブータンは一九四九年にインド・ブータン友好条約を締結したことから、インド側との結びつきを強めていくことになります。一九八五年には南アジア地域協力連合（SAARC）が発足し、ブータンは南アジアに属することになりました。七世紀の吐蕃王朝成立以降、ブータンはチベット文化圏に属していましたが、近代以降の国際政治の流れの中で、ヒマラヤ山脈以北のチベットは中華人民共和国、すなわち東アジア側に組み入れられ、他方、ヒマラヤ山脈以南のブータンは南アジア側に組み入れられ、チベットとブータンは分断されることになりました。

内政に関する四代国王の最大の功績の一つは、国民総幸福（GNH）という概念を提唱したことでしょう。二〇〇八年に制定されたブータン王国憲法の第九条第二項にも、国民総幸福を国の指針とすることが述べられています。

国民総幸福は一九七〇年代に四代国王が提唱した理念ですが、実際に政策として進められるようになったのは二〇〇〇年頃になってからでした。一九九九年には王立ブータン研究所（Centre for Bhutan Studies and GNH Research）が設立され、二〇〇〇年以降、ブータン内外で計六回の国際GNH学会が開催されました。以後、「幸福」という概念が諸国の政府からも注目されるところとなり、二〇一二年には国連にて国際幸福デー（三月二〇日）が採択されるに至りました。

中尾佐助氏がブータンを訪れた一九五〇年代、ブータンといえば「秘境」が代名詞でしたが、今や「幸福」が代名詞となっています。経済規模も小さく地下資源も貧しいブータンにとって、「国民総幸福」は国のブランドイメージを高める最大の武器となったわけです。しかし、時としてその武器は諸刃の刃ともなります。小さな事件が起きても「幸福の国ブータンなのに」と批判的な目が向けられるのは、幸福追求国家ブータンの宿命なのかもしれません。その中でも二つの事件が、ブータンに大きな危機をもたらしました。一つはネパール難民問題、もう一つはアッサム独立派ゲリラ組織との戦いです。

ネパール難民問題[6]

一九世紀後半、インドを支配していたイギリスは、ブータンに南接するダージリンやアッサムに茶園を経営し始め、人口の多かったネパール東部から多くの労働者を呼び込みました。ネパール人労働者の中には、ブータン南部のジャングル地帯に入植する者もいましたが、一五〇〇メートル以下の低地に住まないブータン人たちにとって、こうした初期のネパール人移民に対してはほぼ無関心、放置状態となっていました。かくして、二〇世紀前半には相当数のネパール人がブータン南部の密林地帯を開墾し、農業に従事するようになりました。

一九五〇年代になると移民問題は野放しにできないものとなります。一九五八年、ブータン政府は彼らに居住権を認め、有資格者で国籍を申請する者には国籍を与え、その他の移住者は外国人滞在者として登録する制度ができあがりました。

一九八八年の全国人口調査の結果、南部ではネパール系の人口が過半数を占め、ブータン全体でも総人口の約三分の一を占めることがわかり、危機感が高まりました。というのも、西隣にあったシッキム王国は、ネパール系の人口がシッキム系の人口を超えた結果、一九七五年、インドに併合されることになったのです。そこで、ブータンでは外国人の入国制限を設けることになりました。当時のブータンには以下の三種類のネパール人がいました。

①ブータン国籍を持つネパール系住民
②滞在許可を持つネパール人合法滞在者
③滞在許可を持っていないネパール人不法滞在者

そのうち、ネパール人不法滞在者に対して国外退去命令が出されました。もちろん、不法滞在者を海外退去させること自体、主権国家として何も問題なかったわけですが、人口調査、国籍の認定、国外退去命令の施行のプロセスにおいて、配慮に欠ける点も多々あったことから、ブータン政府と一部のネパール系住民との間に感情的反目が生じました。[7]

一九九〇年秋、ブータン南部で大規模な反政府デモが起こりました。以後、ネパール系住民の多い南部では、ネパール系の反政府グループがテロ行為に走り治安状態が悪化し、多くの難民が生まれることになりました。難民収容のため東ネパールに難民キャンプが設けられ、一九九四年初頭には難民数が八万五〇〇〇人に達し、ピーク時には一一万人に達したともいわれます。二〇一七年現在、すでに多くの難民がアメリカやカナダ、オーストラリアなどの第三国に移住しており、難民キャンプも閉鎖あるいは縮小し、形式上は解決済みのように見えますが、本質的な解決とは言えないのが実情です。

アッサム独立派ゲリラ組織との戦い[8]

もう一つはアッサム独立派ゲリラ組織との戦いです。一九九〇年代、ブータンの南隣のインド共和国アッサム州において、ゲリラたちが独立運動を展開しました。アッサム州の先住者ボド族の急進派であるボド防衛軍（BSF）や、アッサム州の独立を目指すアッサム統一解放戦線（ULFA）などが、インドからの分離・独立を要求し、インドの官公署やベンガル人移住者たちを襲撃しました。

当然インド政府側は反撃し、インド軍に追い込まれたゲリラ部隊は、国境を越えてブータン南部の密林地帯に拠点を移しました。南部の密林地帯はブータン領内ではあるもののブータン人は住んでおらず、ゲリラ組織側にとっては最高の隠れ家でした。ブータン政府は一九九七年から二〇〇三年にかけてゲリラ部隊に退去要請を行い、四代国王自身もゲリラキャンプを直接訪れて退去要請をしましたが、ゲリラ側は拒否しました。

膠着状態の中、インド政府側はゲリラを擁護しているとしてブータンを批判し、二〇〇三年末までにアッサムゲリラをブータン南部から一掃できない場合、インドは三万人の正規軍をブータンに派兵し掃討作戦を開始する、との最後通牒をブータン政府に突き付けました。

二〇〇三年秋、ブータン国会は、ゲリラ部隊を軍事行動により国外退去させることを決議しました。

政府首脳、閣僚、軍総司令官はじめ中央政府を首都ティンプーに残したまま、四代国王自身が、ブータン軍兵士および国民義勇兵の陣頭指揮を執り、軍事作戦を行いました。作戦は二日で終了、ゲリラ勢力はブータン領内から一掃されました。

軍事作戦を進めるにあたり、ブータン側は細心の注意を払いました。開戦に至るまで、国王が直々にゲリラキャンプを訪れるなど粘り強い退去交渉を行い、終戦後も戦勝記念の行事などは一切行わず、国営新聞の『クエンセル紙』等を通じて軍事作戦に対する反省の態度を取り続けてきました。主権国家としては自国の領土を守り抜く必要があったわけですが、仏教国として、殺生という罪を犯す戦争行為に対して否定的な態度を取り続けました。現在までゲリラ組織側からブータンへの報復行為は行われていませんが、それはこうしたブータン側の態度に呼応しているのかもしれません。

約三五年間の治世において四代国王は、三代国王の着手した近代化と国際化を進めつつ、複雑な国際情勢の中、難民問題やゲリラ組織との戦争などの負の側面も経験しながらブータンの独立を維持し、国民総幸福政策を通じてブータンのブランド力を高めていったのです。

五代ブータン国王ジクメ・ケサル・ナムゲル・ワンチュックの治世

ゲリラ組織との戦争が終了した三年後の二〇〇六年一二月、皇太子のジクメ・ケサル・ナムゲル・ワンチュック（一九八〇－）が五代国王として即位しました。四代国王の進めてきた改革は、五代国王によって具体化されていきます。

その中でも大きな業績の一つは、二〇〇八年に制定されたブータン王国憲法です。一六二九年頃にシャプドゥンが『チャイク・チェンモ』(僧院大法典)を制定しました。一九五七年には『ティムシュン・チェンモ』(基本大法典)が制定され、二〇〇八年にブータン王国憲法が制定されました。

もう一つは二〇〇八年に開始された直接総選挙です。それまでの選挙は、国民による直接投票ではなく、選挙区内のグンという戸籍単位がおのおの一名の代表者を出し、代表者が集まって選挙区の代表を決めるというやり方でした。また、以前は国民議会(下院に相当)の一院制でしたが、二〇〇八年には上院に相当する国家評議会が設立され、二院制となりました。

二〇〇八年の第一回国民議会総選挙で与党となったのはブータン調和党(DPT)で、初代党首ジクメ・ティンレーが首相となりました。二〇一三年の第二回総選挙では国民民主党(PDP)が勝利、党首のツェリン・トプゲが首相となりました。次回の総選挙は二〇一八年になります。

結語

国民総幸福(GNH)を掲げるブータンは「幸福大国」であるとイメージされる方が多いのではないかと思います。この国民総幸福という概念ができあがるまでには長い道のりがありました。

チベットのドゥク派の本山を追われる形でブータンの地にやってきたシャプドゥン・ガワン・ナムゲルによって、ブータン(ドゥクユル)という統一国家が誕生したのは一七世紀の前半のことでした。一八世紀にはイギリスとの衝突が起こり、一九世紀には大規模なドゥアール戦争に発展しました。敗戦の結果、ブータンはアッサム、ドゥアール地域の領地を失ったのみならず、外交の独立性を失いました。第二次大戦後には、周辺地域が中国やインドに併合されていく中、難民問題やゲリラ組織との戦争など複雑な問題を多く抱えながら、国の独立を維持してきました。

国民総幸福という理念は、永い時の中で熟成した仏教思想を基盤とし、様々な困難を乗り越えるべく試行錯誤を行っていく中で生まれ出たものと思われます。いわば、ブータンは「すでに幸せを実現した国」ではなく「幸せをめざしてきた国」なのです。

注

1　Aris（1979: xxiii）は、ブータンで入手した石器を紀元前二〇〇〇－一五〇〇年頃のものと推定している。ただし、炭素測定などの科学的な調査が行われているわけではないので、年代の確定には注意が必要。

2　ただし、ブータンのサキャ派は一九五九年を境に消滅。ブータンのサキャ派の歴史と消滅の経緯については、熊谷誠慈「ブータンにおけるサキャ派仏教」（『ヒマラヤ学誌』第一五巻、二〇一四年、八二－九二頁）を参照。

3　Seiji KUMAGAI, Gawa THUPTEN and Akinori YASUDA: "Introduction to the Collected Works of the Founder of the Drukpa Kagyu ('Brug pa bKa' brgyud) School: Tsangpa Gyare (gTsang pa rgya ras, 1161-1211)," Buddhism Without Borders: Proceedings of the International Conference on Globalized Buddhism, Bumthang, Bhutan May 21-23, 2012, Thimphu: Centre for Bhutan Studies, pp. 36-52を参照。

4　仏教僧は戒律によって妻帯が認められていないため、出家者である座主は子どもをもうけることができず、息子に後を継がせることができない。そこで、一族でお寺を継いでいくために、兄弟の息子（甥）に座主を継がせるという「叔父・甥継承制度」が確立した。詳細は今枝由郎『ブータン中世史』（大東出版社、二〇〇三年、三一－三四頁）を参照。

5　化身ラマ制度を創設したのはカルマ・カギュ派で、第三代ランジュン・ドルジェ（一二八四－一三三九）の時代である。ドゥク派においては、第一三代座主ゲルワンジェ・クンガペンジョル（一四二八－一四七六）が開祖ツアンパ・ギャレーの化身と見なされ、以後、化身の系譜が継続されることになる。

6　今枝由郎『ブータン――変貌するヒマラヤの仏教王国（新装増補版）』（大東出版社、二〇一三年、一二二―一三六頁）、根本かおる『ブータン――「幸福な国」の不都合な真実』（河出書房新社、二〇一二年）に詳しい。

7　一九九三年九月、ネパールとブータンの閣僚級合同委員会が設けられ、東ネパールに設置されたブータン難民キャンプに収容されている難民たちの分類を行った。根本かおる『ブータン――「幸福な国」の不都合な真実』（一一七頁）によると、クドゥナバリ難民キャンプの三一五八家族の調査結果、全家族数の二・三パーセントの難民が、ブータンから強制的に追放されたネパール系ブータン人と認定され、ブータンへの即時帰還の権利が認められた。

8　本書第三章「仏教と戦争――第四代国王の場合」に詳しい。

第2章 ✣ 日本とブータンの交流史——京都大学を中心に

栗田靖之

日本とブータンの接触、多田等観と桑原武夫

日本とブータンとの接触は、一九一三年、秋田県出身の多田等観師という僧侶が、チベットに入国するためにブータンを通過したという記録が最初です。ブータン人の民家の屋上に泊めてもらって旅を続けたのですが、チベットでは泊めた客が夜中に盗賊になりはしないかと疑われ、屋上から下りるハシゴをはずされたという記述があります。多田等観師は、ブータンを横断するのに、三五～三六日かかったと述べています。それから五〇年以上、日本人がブータンに接触したという記録はありません。

多田等観師以降のブータンと日本の関係を語るとき、大きな役割を果たした桑原武夫氏を紹介することからはじめたいと思います。

桑原氏は、一九〇四年生まれ、福井県敦賀市の出身です。敦賀には母が出産のために帰ったというだけで、生まれてからはずっと京都育ちでした。父は京都大学文学部東洋史の教授でした。しかし本人は、終生、自分は福井の人間だと称していました。京大でフランス文学を専攻し、東北大学文学部

助教授として勤務した後、京大の人文科学研究所の教授、所長を務めました。人文科学、社会科学の分野においても、研究者の個人的な力だけでは限界がある、この分野においても共同研究を行うことで大きな成果があがるということを主唱し、初めて共同研究会方式の研究をはじめました。その研究会には、梅棹忠夫、中尾佐助、梅原猛などの各氏がいました。

桑原氏は、旧制第三高等学校の学生時代から山岳部に籍を置き、その仲間には今西錦司氏、西堀栄三郎氏がいました。一九五八年には京都大学学士山岳会チョゴリザ遠征隊の隊長を務め、この隊は七六五四メートルの初登頂に成功しています。一九六六年にはフランスから勲功騎士章、一九七五年には朝日文化賞、一九八七年、文化勲章を授与されています。

京都大学学士山岳会と京都大学山岳部

桑原氏とともに紹介したいのは、京都大学学士山岳会と京都大学山岳部という二つの団体です。京都大学学士山岳会は、一九三一年に今西錦司氏などが中心になって設立したヒマラヤに登ることを目標とした団体です。英語ではAcademic Alpine Club of Kyotoという名称ですが、通称ＡＡＣＫと略称しています。ＡＡＣＫはパイオニアワークを重んじた登山団体です。

それに対して京都大学山岳部は、ＫＵＡＣ（Kyoto University Alpine Club）といいます。一九四五年、新制京都大学の学生が中心になって設立されました。

この二つの団体は別個の組織なので、ＡＡＣＫは京都大学山岳部を卒業すれば自動的に入会できる京大山岳部のＯＢ会でありません。ＡＡＣＫ会員二名の推薦があって入会できるのです。ＡＡＣＫ

には京大山岳部出身以外の人も多く参加しており、この二つの団体は兄弟関係にあると理解していただいてよいと思います。

　京都大学とブータンとの接触について、本多勝一氏から直接話を聞いたことがあります。本多氏は、京大山岳部に籍を置いていましたが、後に探検部を創設したひとりであり、『カナダ・エスキモー』、『ニューギニア高地人』、『アラビア遊牧民』の三部作を書いた人物です。一九五七年、その本多氏のもとに朝日新聞コルカタ支局の特派員から、ブータン王妃が非公式に日本を訪問するという情報がもたらされました。本多氏は、この情報を京都大学の桑原武夫氏に伝えました。その結果、桑原武夫氏と理学部教授の芦田譲治氏が、京都でケサン・ワンチュック王妃を接待しました。

図2-1　1957年ケサン・ワンチュック王妃来日　左から芦田譲治氏、桑原武夫氏、ケサン・ワンチュック王妃

　ケサン・ワンチュック王妃が来日したときに、植物学者でありAACK会員であった大阪府立大学助教授の中尾佐助氏は、ケサン・ワンチュック王妃にブータンへの入国を願い出ました。当時、ブータンという国を知っている人は少なく、それが独立国家であるかどうかも判然としていませんでした。

ブータンの地政学的位置

ブータンの地政学的特徴は、北は中国チベット自治区、西はインド・シッキム州を挟んでネパール、東はインド・アルナーチャル・プラデーシュ州、南はインド・ベンガル州の間に位置していることです。周辺諸国の人口は、中国が一三億人、インドが一二億人、ネパールが二九〇〇万人です。二一世紀の中頃には、インドの人口が中国より多くなると言われています。このようにブータンは、北は中国、南はインドという二つの巨大国にはさまれた人口約七〇万人の国です。

中尾氏が行った当時のブータンの情勢を見ることにします。

一九五〇年代、ブータンは鎖国を解いて近代化の道を歩みはじめようとしていました。その第一歩として、まずブータンのパロとインドとの国境の町プンツォリン間に自動車道路の建設をはじめました。興味深いのは、ブータンは文化的に大きな影響を受けたチベットとつなごうとはしないで、国の将来を考えてインドと自国とをつなごうとしたことです。

はじめ、インド政府がこの道をつくることを提案しましたが、ブータンのジグメ・ドルジ首相は、これを断り、われわれの手でつくるとして、国民にはじめて夫役を課し、道路建設をはじめました。

二〇世紀における世界の情勢を見ると、第一次世界大戦は一九一八年に終わりましたが、当時の国際連盟の加盟国は四八カ国でした。現在、国際連合の加盟国は一九三カ国です。一九四五年、第二次世界大戦以降の世界の趨勢は、帝国によって支配されていた国や民族が独立していった過程といえるでしょう。

その中で国を失った例が二つあります。それがチベットとシッキムです。これがその後のブータンの国づくりを理解する上での大きな伏線となります。

中尾佐助氏と照葉樹林文化論

一九五八年、中尾氏はケサン・ワンチュック王妃の父であるジグメ・ドルジ首相から招待をされることになりました。当時ブータンに入るのは大変なことでした。インドとの国境からパロまで、現在では自動車で半日ほどの行程ですが、馬と徒歩で一週間もかけるという旅でした。

そのときの旅行記は、毎日新聞に連載されました。一九五九年、それが単行本となり（『秘境ブータン』毎日新聞社）、一九六〇年には日本エッセイスト・クラブ賞を受賞しました。

中尾氏は「桑原さんは文学者だけど、エッセイスト・クラブ賞はもらったことはないだろう。僕は植物学者だけれども、エッセイスト・クラブ賞をもらった。だから僕のほうが文学者だ」と冗談を言っていました。中尾氏は非常に割り切った考え方をする方で、まわりの人からはドライな人物だと思われていましたが、このような冗談を言う一面もありました。

中尾氏はこのブータンの旅行で、照葉樹林文化論を構想しました。西日本から中国雲南省、ヒマラヤの南、ネパールのカトマンズに至る地帯は植物相が似ていることから、植物生態学では日華区系とよんでいます。そこにはカシ、シイ、クスノキ、ツバキなどの照葉樹が生えています。この日華区系の中で営まれている文化は非常に似通っています。そのことから照葉樹林地帯における文化の共通性を説明するために、照葉樹林文化論を構想したのです。この文化論は、日本の文化人類学において、第二次世界大戦後に提唱されたいちばん大きな仮説だといわれています。

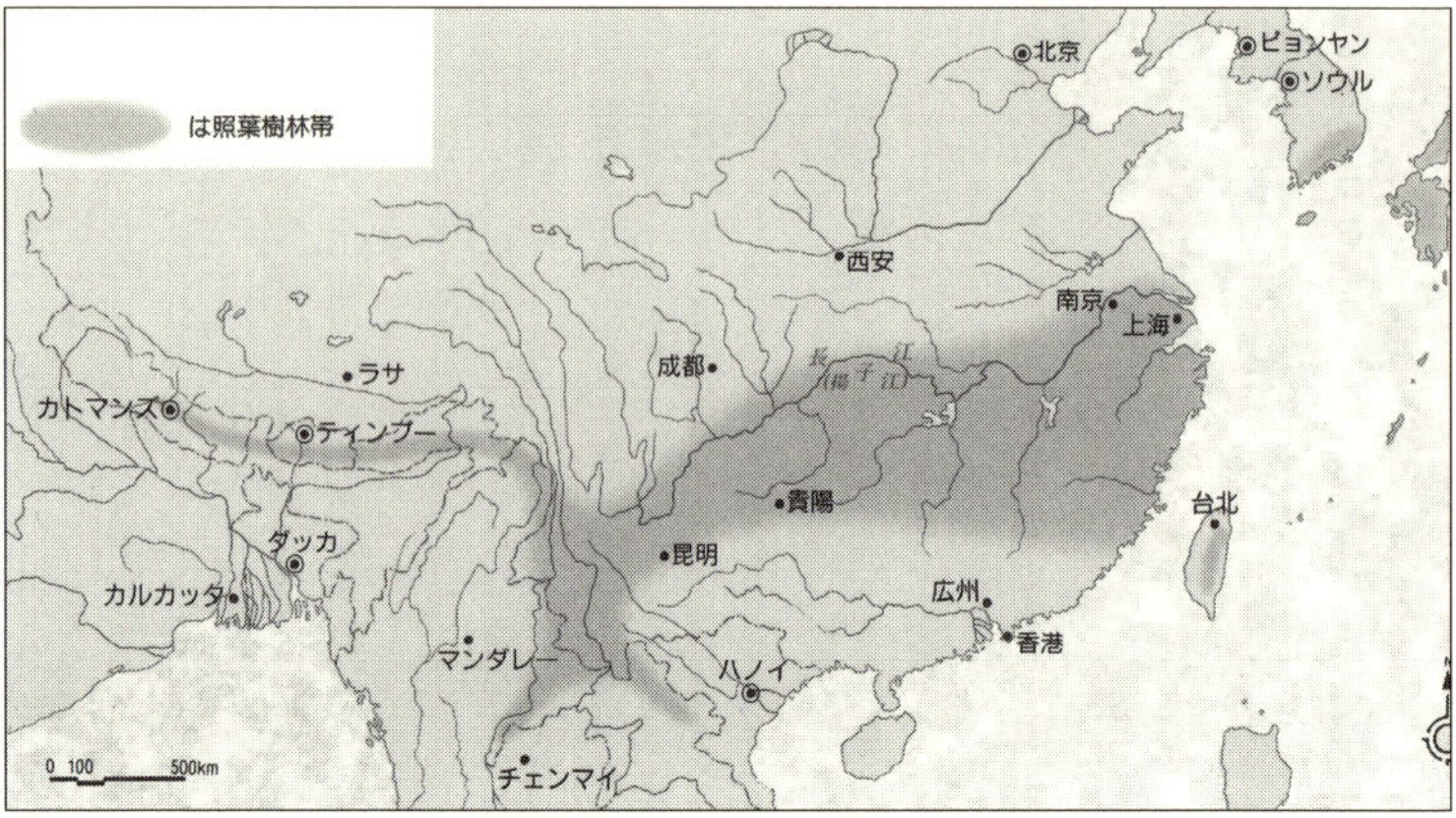

図2-2　照葉樹林の広がり（中尾佐助・佐々木高明、1992年より）

私は中尾氏に「照葉樹林文化論というのは、照葉樹林という似通った植物相のもとでは似通った文化ができるということですか。それとも照葉樹林帯の中で文化の移動があったという考えですか」とたずねたことがありました。そうすると中尾氏は「私はその中で栽培植物が伝播したと考えている。その典型的な例は稲作だ」と言っていました。稲作についてはいろいろな説がありますが、中国雲南省のあたりで始まった稲作は、南は東南アジアへ、いまひとつは東に向かって日本に至ります。もう一方は西に向かってベンガルあるいはブータンにまで伝わったという説です。

照葉樹林文化論を踏まえて、中尾氏はブータンの文化的位置付けを考えました。ブータンの文化は、いろいろな所から、いろいろな要素がもたらされた結果であると考えました。

北のチベットから入ってきた文化は、ヤクの牧畜です。言語もチベット語系です。仏教とゴとよばれる男性の衣装は、北からの影響だと指摘しました。

　それに対して、南のインドからブータンにもたらされた文化は極めて少なく、それは二つだけだと述べています。一つは、ラックガイを使って染めるブータンの僧侶が着ている臙脂《えんじ》色の染色です。もう一つは、ブータンではドマと呼んでいますが、ビンロウヤシの実と石灰をコショウ科キンマの葉でくるみ口の中に入れて噛む嗜好品です。これはインドではパーンとよんでいます。このキンマは、広く東南アジアでも嗜好されており、これはあきらかに南からの影響です。高地のブータンには、このビンロウヤシが生えていません。一〇〇年ぐらい前から、南のインド平原から高地のブータンまで、人の力でビンロウヤシの実を運んでいたのです。

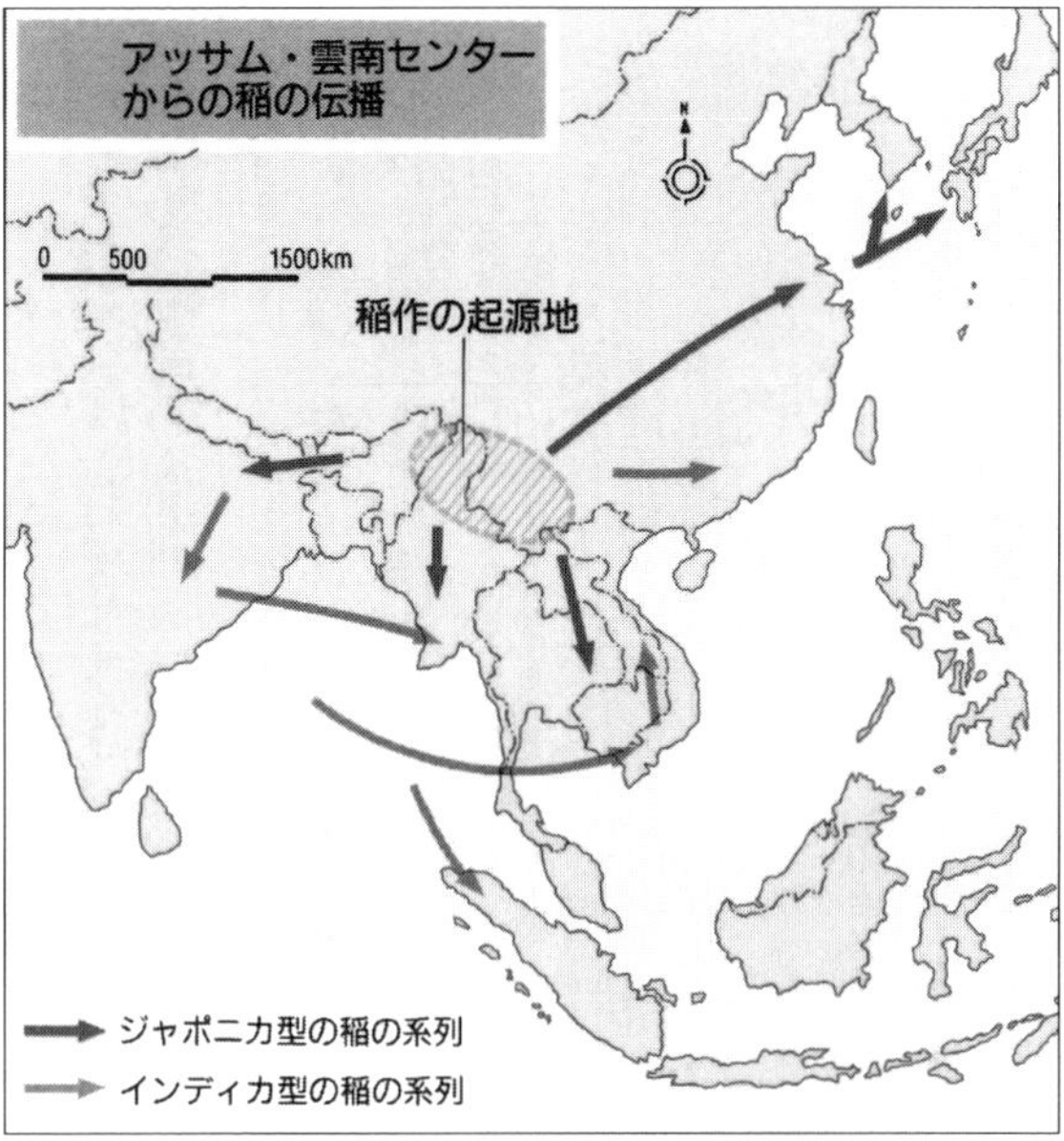

図2-3　稲の伝播（渡部忠世『稲の道』日本放送出版協会、1977年。中尾佐助・佐々木高明、1992年より再録）

　それに対してブータン文化の特徴は、東西に広がる照葉樹林帯の文化要素が非常に多く見られることです。いちばん大きなものは稲作です。大豆の発酵食品である納豆も、東から伝播されたものと考えられます。それとともに養蚕も照葉樹林の中を伝

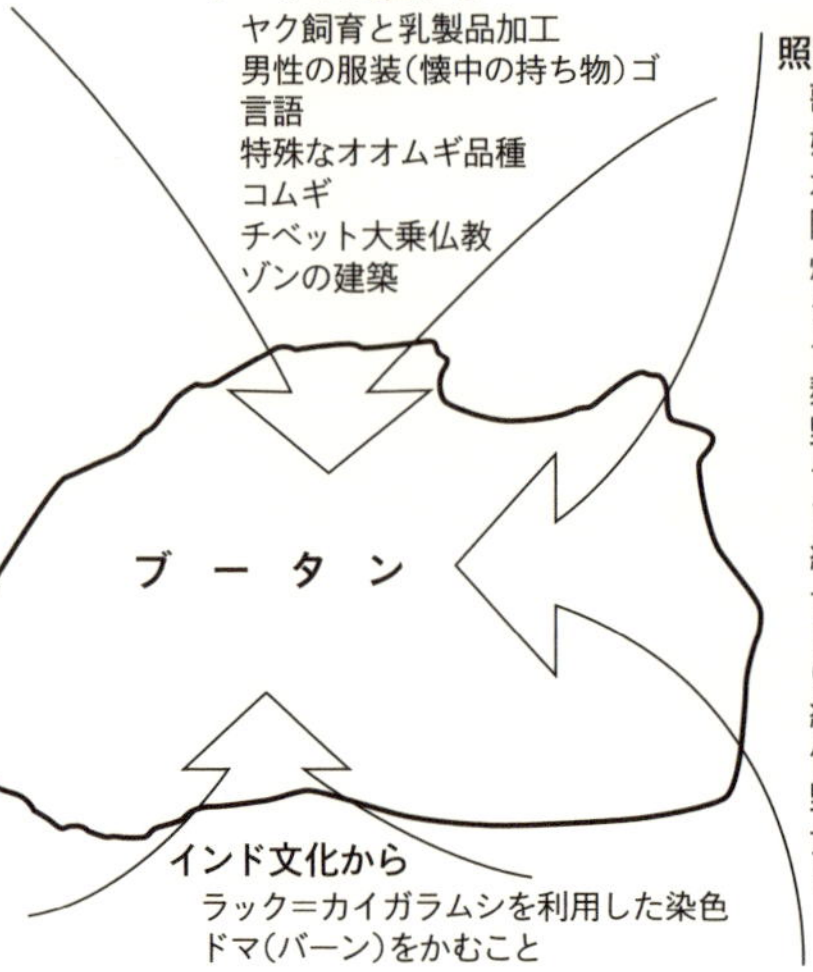

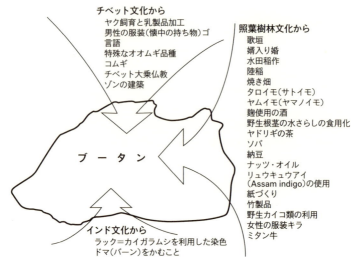

図2-4　ブータン周辺からの影響（中尾佐助・西岡京治『ブータンの花』朝日新聞社、1984年より作成）

わってきたものです。

それに加えて、ブータンの女性の民族衣装がありますキラは、南のインドのサリーとまったく違うものだと指摘しています。サリーは腰に一枚布を巻き、そしてその端を肩に掛けます。ところがブータンのキラは、肩のところで一枚布を金具で留め、布を身体に巻きつけ帯で締めるというかたちです。これは、照葉樹林帯の中で見られる女性の衣装です。ブータンの男性の衣装ゴは、チベットのチュバから派生したものでしょう。

中尾氏は、ブータンの文化は、照葉樹林の中に発達していた文化の中に、北からヤクの遊牧をするチベットの男性がヒマラヤを越えてやって来て、そこで女性といっしょに暮らすことで作り出されたものだと考えました。このように見てくると、ブータンは照葉樹林文化の西の端であり、日本は東の端ということになります。

中尾氏の帰国後、ブータンから農業の専門家を派遣してほしいという要請がありました。そこで中尾氏が推薦したのが大阪府立大学農学部での門下生である西岡京治《けいじ》氏です。西岡京治、里子氏夫妻は、一九六二年、当時、大阪市立大学助教授であった川喜田二郎氏が率いた東北ネパール学術調査隊に夫妻で参加していて、チベット語とネパール語が話せました。

ところが一九六四年、ブータンのドルジ首相が陸軍の軍人に暗殺されます。なぜドルジ首相が暗殺されたのか、この事件はいまだにブータンでは語られることのないブータン近代史の謎です。そのような大混乱の最中に、西岡京治・里子氏夫妻がコロンボ・プランの農業専門家としてブータンに赴任しました。

西岡夫妻がブータンに赴任する前の一九六二年、コルカタの総領事であった東郷文彦氏、いせ夫人が日本の外交官として初めてブータンを訪問しました。

ブータンとイギリスの関係

ブータンの歴史を簡単に振り返ってみます。

一八六四年当時、ブータンは血気盛んな民族で、ヒマラヤの高地から降りてきては、ヒマラヤ山麓にあったクーチ・ビハール藩王国の領土に侵入し、当時インドを支配していたイギリス軍と交戦しました。これがドゥアール戦争です。イギリスはこの侵攻に手を焼き、一八六五年にシンチュラ条約を結び、その侵攻を控えさせる代償として、ブータンに年間五万ルピーの援助金を支払うことを約束します。その後、この援助金は一〇万ルピーに増額されました。この条約で、ヒマラヤの山岳地帯はブータン領土とし、ブータンは平原には侵攻しないという約束をしました。

このシンチュラ条約の中には、ブータンの内政に関しては干渉しないが、外交に関しては、イギリスの助言と指導に従うと規定されました。この条項がそれ以降、ブータンを悩ませることになります。

一九四七年、インドはイギリスから独立をはたしました。インドが独立した後、シンチュラ条約はインド・ブータン条約と名称を変えて、インド共和国にその内容が引き継がれました。

これ以来、ブータンが国として自立していく上で、外交に関しては、インドの助言と指導に従うことが必要となりましたが、このような国が、国際社会から独立国として認められるだろうかという問題がありました。

京大・小野寺隊とインナーライン・パーミット

一九六七年に東京大学教授の原寛氏が率いる植物調査隊が、ブータンで学術調査を行いました。

中尾佐助氏のブータン訪問から一〇年後の一九六八年、京都大学山岳部は、ブータンに調査隊を送ることになりました。農学部教授の小野寺幸之進氏と理学部学生の上田豊氏、市川光雄氏がブータンに入国しましたが、ブータンに入国するのにたいへんな労力が必要でした。

それは、ブータンはインドに接した内陸国であるという地理的環境に由来する問題があったからです。インドは、イギリス統治時代から国境線にあたるものをアウターライン（外郭線）と呼んでいました。このアウターラインは、いかなる人物もパスポートなしでは越えることはできません。インドはこのアウターラインの手前、だいたい五マイルから一〇マイルにインナーライン（内郭線）というものを設けました。インド政府が承認した場合に限り、インナーラインを越えて国境線に近づくことができると規定されていました。

陸路でブータンに入ろうとすると、当然インドの国境を越えるので、インナーライン・パーミット（内郭線通過許可書）を取らなければなりません。これはインド政府との厄介な交渉事でした。というのは、インドは外国人が国境地帯に近づくことに神経をとがらせていました。またブータンが招待した客は、インドにとって好ましくない客の場合もあります。インナーライン・パーミットの取得は、インドがブータンへの入国者をチェックする機能を果たしていましたし、またブータンがインドの影響下にあることを強く認識させられることでもありました。

結局、小野寺隊は、インナーライン・パーミットの滞在許可が一週間しかなく、一月と六月に一週間ずつ二度ブータンに入国しました。

同じ年の九月、小方全弘氏はブータンに入国し一か月間滞在して『ブータン素描――美しきヒマラヤの王国』を出版しました。

ブータン王妃再来日と京大松尾隊

先の来日から一二年たった一九六九年、ケサン・ワンチュック王妃が再来日しました。このときも桑原氏と芦田氏、工学部助教授の松尾稔氏が、西岡里子氏とともに接待にあたりました。

この機会に、桑原氏、松尾氏が、京大山岳部がブータンに遠征隊を送りたいから受け入れてほしいと願い出ました。王妃から、その隊の入国を認めるとの意向が伝えられ、京都大学山岳部は、ブータ

図2-5　1969年　左から桑原武夫氏、ケサン・ワンチュック王妃、笹谷哲也氏

ン学術調査隊を送ることになりました。

本隊が入国する前に、桑原氏と笹谷哲也氏の二人が先行して、本隊の受け入れについて交渉を行いました。この交渉が功を奏して、本隊はスムーズにブータンに入国しました。

この隊は松尾稔隊長、吉野熙道、松田隆雄、米本昌平、山本清司、田中達吉の各氏で、ブータンの第三代国王に拝謁しました。

当時のブータンは、ウォンディポダンから東には自動車道路がありませんでした。そのため、この隊は、馬と徒歩で東ブータンまで旅行しました。

ペレ・ラ（三三二〇メートル）は、今日では自動車で簡単に越えていきますが、当時、隊員たちはこのペレ・ラを歩いて越えてゆきました。

一九七八年には、この遠征隊の報告書『ブータン横断紀行』が出版されました。彼らは、行くときには徒歩で一〇日ほどかけて東端のタシガンまで行き、タシガンから南の国境に向かいました。実は帰りは、ブータン国境を越えてインド領のアッサムに出て、ブータンのリエゾン・オフィサーが用意した自動車で西のプンツォリンまで行き、そこからまたブータンに入るという離れ業をやっています。

これは当時、外国人には許されていないルートでした。そのことは、この報告書には書かれていません。ブータン国内を同じ道でティンプーに引き返すには、ふたたび一〇日間の旅をしなければなりません。それをインド領内の自動車道路を利用すると、一日でプンツォリンに帰り着くことができたのです。ブータン国内を東西に横断する道は、それほどの難路でした。

図2-6　第三代ジクメ・ドルジ・ワンチュック国王と松尾隊隊員

ブータン、万国博覧会に参加

一九七〇年にブータンは、政府の体制を整えるために外務省を設立しました。同じ年に大阪で開かれた日本万国博覧会に、青いケシの花などの四枚の写真を送ってきました。その結果、万博協会は、ブータンを万博参加国として扱い、ブータンの人たちを日本に招待することにしました。

ダゴ・ツェリン氏、国王の秘書シンカ・ラマ氏、医師のドクター・レトー氏夫妻などの七人が日本を訪れましたが、万博協会は京大山岳部に接待役を依頼してきました。その接待係を仰せつかったのが私です。私はこの人たちを奈良、京都に案内しました。ブータン側はそのお礼として、その年の一〇月、栗田を夫妻でブータンに招待してくれたのです。

当時のティンプーの町は、今のティンプーと比較してなんとものどかなものでした。ときおりジープが走って来ます。ジープ以外の乗用車は走っていませんでした。ジープが走ってくると、「あれは誰だれのジープだ」とみながわかっていました。また道路地図にはJeepable roadと表記されていました。これはジープだけが通行できる道という意味でした。

私たちのブータンにおける接待役は、ダゴ・ツェリン氏でした。彼は当時、開発省の次官でしたが、若くて優秀な官僚として政府のいろいろな仕事をしていました。ブータンへ入国してすぐに、ダゴ・ツェリン氏が「君のインナーライン・パーミットの期限は一週間なので、それを延長するようインドに要請するから、持って来てほしい」と言いました。

図2-7　1970年のティンプーの町

インナーライン・パーミットの書類を持ってダゴ・ツェリン氏の役所へ行きました。二、三日したら、彼が「君のインナーライン・パーミットを失くしてしまった」と言いました。そして私たちに「インド政府に再発行を依頼するので、それができるまで、二人はブータンに居てよい」と言いました。私は今でも、あれは意図的になくしてくれたのではないかと思っていて、何年か後に、ダゴ・ツェリン氏に、「あのとき、あなたは、政治的に私のインナーライン・パーミットを失くしてくれたのでしょう」と言ったら、彼は笑っていました。そのおかげで私たちは三週間ほどブータンに滞在しました。

当時のティンプーにはホテルもレストランもありませんでした。私たちはブータン陸軍のバンガローに泊まっていました。当時のブータン陸軍には、ブータン人の士官がおらず、士官はインド陸軍から派遣されていました。バンガローはこのインド人士官が暮らすためのものでした。バザールが開かれるのは週に一度だけで、食料を手に入れるが大変でした。ブータンの人に招待されたときだけは温かい食事が食べられましたが、それ以外は日本から持っていった乾パンとサラミソーセージを食べていました。

ただ、パロに西岡氏夫妻がいて、西岡氏から招待されたときには、パロまで行き温かい食事をいただいて、ゆっくりして帰ってきました。私はいまだに西岡里子氏に一宿一飯の恩義を感じています。一九七一年には西岡京治氏の義弟、京都大学工学部院生の西山孝夫妻がブータンを訪問しています。またこのころ、早稲田大学の糸永正之氏が「ブータン研究会」を組織して活動していました。

国連加盟とシッキムの消滅

そのころブータンは着々と開国への努力をしていました。一九七一年、インドにブータン代表部を開設しました。またこの年、国連に加盟を申請しました。日本は、ブータンの国連加盟に賛成する演

図2-8　西岡京治（左）、里子夫妻と筆者

説を行いました。

ブータンは国連に加盟しましたが、不幸なことが起こりました。第三代ジクメ・ドルジ・ワンチュック国王がケニアのナイロビで心臓病のために急死されたのです。

急遽、第四代ジクメ・センゲ・ワンチュック国王が一六歳で即位しました。開国政策を推し進めるための具体的な政策として、それまではブータン政府が招待した人しか入国が許されませんでしたが、一九七四年から観光客も受け入れるようになりました。

ブータンの隣国でも大きな変化が起きました。ブータンとネパールの間にあったシッキム王国がインドの準州として併合されたのです。これはシッキムに、インド国籍を持ったネパール人がどんどん入ってきて、インドに併合されたほうがよいと要求し、国民投票を行うことになりました。その投票の結果、シッキムはインドに併合されるという結果になりました。

その当時のシッキム国王は、アメリカ人女性と結婚していましたが、酒好きな人物だったらしく、この政治的危機を乗り越えることができませんでした。結局、一九七五年、シッキム王国はインドのインディラ・ガンジー首相の時代にインドに併合されます。そのようなことが起こって、ブータンはたいへん警戒心を強めました。

図2-9　ケサン・ワンチュック皇太后と桑原武夫氏

日本ブータン友好協会設立

まだ日本とブータンの間に国交がなかった一九八一年、日本ブータン友好協会が設立されました。初代会長は桑原武夫氏でした。

その第一回ブータン親善旅行団がブータンを訪問しました。この隊のメンバーには、桑原氏夫妻、中尾佐助氏、第一次南極越冬隊長であった西堀栄三郎氏夫妻、佐々木高明氏、一九六五年の学術調査隊長松尾稔氏、笹谷哲也氏夫妻、東京大学名誉教授の玉野井芳郎氏夫妻、長く日本ブータン友好協会の事務局長を務めてくれることになる渡辺千衣子氏、それに私などでした。

この親善旅行団がパロに到着すると、当時、身分が王妃から皇太后に代わっていたケサン・ワンチュック皇太后から、「今日から、あなた方を国賓としておもてなしする」と言われ、どこに行くのにも親衛隊が同行しました。皇太后は、親善旅行団一行のためにパーティーを開いてくれました。桑原氏は過去三回、ケサン・ワンチュック皇太后に会っています。一九五七年と一九六九年は日本で、三回目は一九六九年にパロで、そして四回目がこの一九八一年です。ケサン・ワンチュック皇太后はまわりの人々に、桑原氏は私の日本での父親だと話していました。これが桑原氏とケサン・ワンチュック皇太后との最後の面会でした。

一九八八年に桑原氏が亡くなりました。そのときケサン・ワンチュック皇太后から弔電が届きました。その中で、ブータンでいちばん古い寺パロのキチュ・ラカンで千の灯明を点し、桑原氏のご冥福を祈っている、と弔慰を伝えてこられました。

航空路の開設

一九八三年、NHKが「秘境ブータン」という番組をNHK特集として放送しました。またブータンは、ネパールとの外交関係を樹立しました。

この年、ブータンはドゥルック・エアーという国営の航空会社をつくり、独自の航空路を開設しました。最初に就航したのは、ドイツ製のドルニエという一七人乗りの飛行機です。この航路の開設のおかげで、ブータンに入国する人たちを悩ませていたインドからのインナーライン・パーミット取得の必要がなくなりました。コルカタあるいはニューデリーから直接ブータンのパロに入ることができるようになったからです。

このころ、一九八三年に京都大学山岳部が、ブータンでの登山の対象とする山を求めて森戸隆雄氏をリーダーとする六名のトレッキング隊を送りました。

図2-10　ドチュ・ラ峠から見たマサ・コン峰

一九八四年三月、私がブータンに行ったとき、ブータン政府からガンカープンソム峰（七二〇〇メートル）の登山の許可を出してもよいという話があったので、すぐに京都に伝えました。京大山岳部は、ガンカープンソム峰の登攀ルートを探すために人見五郎氏をリーダーとする三名の偵察隊を送りましたが、ブータン側からの登攀は非常に厳しいことがわかりました。その結果、この山は現役山岳部の手に負えないと判断し、ガンカープンソム峰への登山を断念します。

首都ティンプーの東にドチュ・ラという三一〇〇メートルの峠があります。晴れた日には、そこからブータン・ヒマラヤの山々がきれいに見えます。一九八一年の日本ブータン友好協会親善旅行のとき、桑原、西堀、中尾、松尾各氏らＡＡＣＫの長老たちが峠の茶店の椅子に座って正面にひときわ大きく見えるマサ・コン峰を指して「栗田、あの山は未踏峰か」と聞きました。私は「未踏峰です」と答えました。「なかなか鼻が高くてべっぴんではないか。京大はあの山を登れ」という話がありました。

ガンカープンソム峰から転進した山岳部は、一一月に入ってこのマサ・コン峰を登ろうということになりました。医学部教授の堀了平氏や横山宏太郎氏がブータン政府の観光を担当していたサンゲ・ペンジョール大臣と交渉し、マサ・コン峰登山許可を得ることができました。ちょうどそのとき、私もブータンに行くところで、パロの空港でマサ・コン峰の登山許可が取れたと、非常に喜んでいる堀氏と横山氏に出会いました。

ブータン各地を調査

このときの私は、国立民族学博物館が収集した民具に関する調査をしていました。ガイドと運転手を連れて、外国人には開放されていない地域にも行ってよいという許可を得て、ブータン各地を訪れる旅でした。

図2-11　ブータン南部に住むネパール系住民

ゲレフはヒマラヤの南山麓にあり、ここから広大なヒンドスタン平原がはじまっています。この地にはブータンではめずらしく一キロメートル以上の直線道路がありました。非常に暑くてマラリア蚊がいるところでした。ゲレフや途中の町では、暑さを嫌うブータン人の住民は少なく、ネパール系の住民が多く住んでいました。ちょうどお祭りの最中で、ネパール系の住民の中には額にコメを付けて、豊穣を祈願している女性の姿も見られました。この地域のネパールの人たちの中には、数多くの不法滞在者がいるということでした。

またインドとブータンの国境も見ることができました。半球形のコンクリート製の標識の一方にはBHUTAN、反対側にはINDIAと書いたものが国境線上に設置されていました。しかし、この地方の人たちは、とくに意識しないで国境を越えて買い物に行っていました。

南部のサムドゥプ・ジョンカルは、ブータンの四年制王立大学のあるカンルンから南に下ったところにある国境の町です。ここではブータン側にも多くのインド人が居住していました。

図2-12　インドとブータンの国境

これは別の調査のときに経験したことですが、私がある村に行くことになったとき、役所は前の日に村に使いを出して、明日われわれが村を訪れることを知らせてくれました。そして当日、村人が村の境界まで迎えにきてくれました。若松を四隅に立てて、迎えの空間をつくり、「ここからあともう少しで村ですから一休みしてください」と言ってお茶とお菓子を出してくれました。ここで一息ついて、村に登ってゆきました。

図2-13　マサ・コン峰と氷河湖

マサ・コン峰登頂

一九八五年に、京都大学山岳部は堀了平氏を隊長としてマサ・コン峰に一六名からなる登山隊をおくり、私はこの隊の副隊長を務めました。マサ・コン峰は手ごわい山でしたが、無事登頂に成功しました。

この登山隊は『偉大なる獅子――マサ・コン峰登頂』という報告書を出版しました。このマサ・コン峰の標高を、ブータン政府は七二〇〇メートルと公表していました。ところが、われわれは三次にわたるアタック隊が登頂に成功しましたが、登頂した隊員は、七〇〇〇メートルを越えたときの胸を締め付けられるような痛みがない、どうもこの山は七〇〇〇メートルを超えていないと思うと言いました。

帰国後、その日の気圧、高度計の誤差を修正して計算した結果、だいたい六八〇〇メートルぐらいではないかと推定しました。後日、このことをブータンに伝えましたが、ブータン政府は正確な測量が行われるまでは、あの山は七二〇〇メートルであるとしています。

マサ・コン峰からの氷河には、たくさんの氷河湖があって、近年の温暖化の影響で、この氷河湖が決壊して下流の村に洪水が起こるという厄介なことが起こっています。

　またブータンの山に関しては、一九八三年、田部井淳子氏が女性からなる登山隊を率いてセプチェカン峰（五二〇〇メートル）の初登頂を果たし、一九八五年には千葉大学山岳会が、ナムシラ峰（約六五〇〇メートル）に初登頂しています。

ディセントラリゼーション（非中央集権）

　一九八六年三月、日本とブータンは口上書を交換し、外交関係を樹立しました。日本の穂崎巧駐インド大使がブータン大使を、ブータンのリョンポ・ドクター・タシ・トプゲェイ駐インド大使が、日本大使を兼任することになりました。

　一九八八年以降、ブータンは日本の海外青年協力隊だけを受け入れることにしました。この背景には、諸外国の青年とくらべて、日本人の若者が真面目であると評価されたからです。

　一九八九年、日本は小規模水力発電機材を援助しました。ブータンは開発に関して、興味深い考え方をしています。発展途上国では、外国からの援助の多くを首都近辺の事業としています。首都は急速に発展しますが、その一方で地方は発展から取り残されたままになります。その結果、地方の人々が発展した都市へ流入し、都市にはスラムができます。それを見てブータンは、ディセントラリゼーション（decentralization 非中央集権）政策をとろうと考えました。

　すなわち、外国から受ける援助を、地方を中心にした事業として行うと考えました。その典型的な例がこの水力発電事業です。電力というのは、どこか遠くの山の中で水力発電が行われ、それを都市へ送電してきます。そうすると、電気がどこでつくられているかというイメージが湧かないので、つい無駄づかいをしてしまいます。

それに対してブータンは、それぞれの村の谷川を利用した五〇から三〇〇キロワット程度の小型水力発電所をつくって、それを村人に管理させようと考えました。こうすることによって、村人たちは電気の無駄づかいをしなくなるだろうと考えたのです。

ディセントラリゼーションの考え方は、大学を設置するときにも考慮されました。ブータンは四年制王立シェラップ・カレッジを首都から四〇〇キロも離れた東の町カンルンに設立しました。大学で学ぶ若者は、将来は国の中核をなす人材となります。その人たちが地方の実情を知らなければブータンは発展しないという国王の考え方にしたがって、それ以降も二つの医療関係カレッジを除いた八つのカレッジは、地方に設立されたのです。

ネパール系住民の問題

一九八八年、国王はブータンが近代化するのに伴って、伝統的な文化が薄れていくことを心配しました。そこで国王は「よき礼儀作法の運動」というものをはじめました。

それは「公的な場では、ブータンの民族衣装のゴとキラを着用すること」、また学校では英語で授業が行われていますが、「政府内では、国語であるゾンカ語をなるべく使うこと」をすすめました。事実、一九七〇年から八〇年代にかけてのブータンでは、大半の若者はジーンズのズボンをはき、Tシャツを着ていました。ブータンも見かけは普通の国になったというのが、率直な印象でした。

このような布告が出されると、一九八九年には南部のネパール系住民が反発しました。なぜネパール系住民まで、ブータンの民族衣装を着なければならないのか。われわれには、ネパール人としての文化的アイデンティティがある――。また当時、ネパール本国では民主化運動が盛んになっていました。その影響で、ネパール系の住民から、ブータンも民主化するべきだという要求が大きくなりました。しかしネパール系の住民の中には、不法にブータンに滞在する人々が多かったこともあり、ブータン政府の締めつけが強くなって、その不法滞在のネパール人がネパール本国に帰国しなければならなくなりました。国連はこの人々を難民と認定しました。

ブータンは、常に二つのことを恐れていたことを指摘しなければなりません。ひとつは、シッキム王国がそうであったように、ブータン領内にネパール系の住民が増えて、その結果、どこかの国に併合されはしないかという恐れがありました。またそのころ、そのような危惧を裏打ちするような動きもありました。それはネパール人の間で、ネパールを含むヒマラヤ一帯に、ネパール人が中心になってグルカランドという国をつくろうという運動があったことです。

もうひとつの危惧は、ネパールは第二次世界大戦までは鎖国していましたが、鎖国が解かれて以降、ヨーロッパやアメリカの若者たちが、新しく開かれた神秘の国ネパールに憧れて大量に流れ込んできます。ネパールでは、ヨガの修行をし、マリファナを吸って西欧文化からの解放を謳歌するヒッピーという若者たちが国にあふれたのです。

その結果、ブータン政府は、「政治的にはシッキムのようにはなりたくない、文化的にはネパールのようにはなりたくない」と決意します。今日でも、ブータンを旅行するとき、一人一日あたり二〇〇ドル以上の旅費を前払いで払い込むように求められますが、それはヒッピーのような旅行者を防ぐための策です。

一九九二年三月、西岡京治氏が突然ブータンで客死します。ブータン国王はブータンの農業に大きな功績のあった西岡京治氏に「ダショー」という称号を贈っていました。これはゾンカ語で「最高の人」を意味する称号で、外国人にこの称号が与えられたのは初めてでした。ブータン農業の父である西岡氏の業績をたたえて、ブータンは国葬でもって弔いました。

民主化・近代化の歩み

一九九四年、ネパールでは共産党による単独政権ができました。また一九九六年にはマオイストによってネパールの王政打倒の人民戦争が勃発しました。この影響を受け、ブータンも民主化・近代化の歩みを早めなければならなくなりました。一九九五年には、国王から、議会が国王の信任投票を行えるようにするという提案があり、それが議会で可決されました。

一九九九年、ブータンでもテレビ放送がはじまり、インターネットの利用が解禁されました。

ブータンの南部ジャングル地帯には以前から、インドから独立しようとするボト族、ナガ族などのアッサム統一戦線のゲリラ組織がキャンプを作り三〇〇〇人ほどが住んでいました。インド政府はそのキャンプを排除するようブータンに要求していましたが、二〇〇三年、ブータン政府は武力行使をし、そのキャンプを一掃しました。

二〇〇八年、ネパールではギャネンドラ国王を廃して、連邦民主共和制を宣言しました。

ブータンでは民主化・近代化の仕上げとして二〇〇八年に憲法を施行しました。この憲法では、二院制の議会を規定しています。人口が約七〇万人なので議員の数は少なく、国民評議会（上院）の議員は二五名です。二〇名は、それぞれの県からひとりずつの議員が選出されます。残りの五名は国王が卓越した人物を指名します。国民評議会の議員は、中立的な立場で国全体の利害を見るという見地から、政党に所属してはならないとされています。

図2-14　ブータン国会

国民会議（下院）の議員は五五名です。各県から人口に基づいて割り当てられた二名から七名の議員を選出し、任期は五年間です。興味深いのは、国民会議の選挙は二段階で行うことです。第一段階の選挙は、政党が選挙の対象になります。それぞれの政党が政策を掲げて選挙戦を行い、政党を選ぶ選挙を行います。第二段階は、上位二つの政党が具体的な候補者を立てて、それぞれの議員を選出する選挙を行っています。

二〇一三年四月二〇日に、国民会議の第一期議員が任期満了になりました。有権者は三七万人で、電子投票を採用しているので、投票後、非常に短い時間で投票結果が明らかになりました。

またその他に注目されることは、憲法の中でブータンは国として自然保護に力を入れると規定していることです。ブータンの文化の根底にあるのは仏教と森の文化だという認識を持っており、国土の六〇％以上を森林として残すと憲法に明記しています。

興味深い政策としては、文化は防衛力であると考えていることです。これは一九八五年からの第五次五カ年計画の中で述べられていますが、高い文化を持つ国は、他国から簡単に侵略されたり、攻撃されたりはしないという考え方です。第二次世界大戦のとき、京都は日本の文化都市であるとして大きな空襲を免れました。ナチスもパリを破壊することを躊躇しました。

ブータンの場合、ネパールの政治的状況を視野に入れながら、国王の主導によって民主化・近代化が行われたということが特徴だと思います。

国民総幸福量（GNH）

同時にブータンは、GNH（Gross National Happiness：国民総幸福量）を追求する政策をかかげています。

GNHというのは、第四代ブータン国王が一九七二年に主唱した思想です。ある国際会議の記者会見で一人の記者から国王に対して、「ブータンは世界でいちばんGNP（Gross National Product：国民総生産量）の低い国ではないのか」という質問がありました。そのとき、国王は「われわれはGNP（国民総生産量）を誇るのではなく、GNH（国民総幸福量）を誇る」と答え、それが有名になったのです。これは国民一人ひとりの幸福量を最大にするという意味で、そのとき以来、GNHの概念は、ブータンが追求する国是になっています。

ＧＮＨという考え方の根底には、欲望のコントロールという考え方があります。近代資本主義経済の発達した社会では、欲望を持つのはよいことだと考えられています。しかしブータンの社会では、仏教と重なり合って、個人の欲望をコントロールしようとしています。

ティンプーにある王立ブータン研究所が出版した*Gross National Happiness*という本の中に、ブータン人の考え方を示す興味深い話が出ています。東ブータンの知事が、ある農民に収穫量が格段に増える稲を試験的に栽培するよう依頼しました。農民がそれを栽培したら、本当に二倍のコメが収穫できました。知事は、来年もこの稲を植えるように依頼しました。しかしその農民は「私は来年分のコメまで収穫したから、来年は余裕を楽しみ、精神的な生活を送りたい」と断ったということです。

資本主義経済の中に身を置いているわれわれは、欲望の開発は経済の発達であるという思考の回路を持っています。しかしブータンでは、個人の欲望は抑制されるべきだ、執着心を持つことはよくないという考え方を、彼らが信仰している仏教の中に持っています。

このような欲のないブータンの農民に、生産量を増やすための新しい農業技術を教えるのは、たいへん難しいと西岡京治氏も話していました。現状に満足しているブータンの農民にとって、なぜ収入を二倍にしなければならないのか理解しにくいことなのです。

ブータン人の生活の中には、宗教的な実践が今日でも組み込まれています。ブータンで仏教を研究してきた今枝由郎氏の話では、ブータン人も最近は何時間もテレビを見ていますが、日本人と違うのは、朝起きたら布団の上に座り、三〇分ほどそこでお経をあげて、じっと瞑想にふけっているということです。以前、国立博物館のソナム館長が、日本の僧侶は瞑想するのかと私に聞いたことがありました。私は、修行中の僧は瞑想するが、僧侶となってからはあまり瞑想しないのではないかと答えました。それに対して彼は、それはよくないと言いました。「人間は常に瞑想しなければならない。心の中を旅することによって、自分がやっていることが、良いことか悪いことかを問いかける必要がある。自分の持っている欲望の善悪について問いかけることが必要だ」と言いました。

ブータンの福祉政策と財政

ブータンでは、教育と医療は無料という仏教の考えにもとづいた独特の福祉政策が行われています。しかしこの政策にも、光と影の部分があります。ブータンが抱えた問題のひとつに、ネパール系の人々の不法滞在者が増えたことがあります。ブータンの周辺に住む人々にとっては、この政策は大きな魅力です。ブータンにさえ住みつけば、教育と医療は無料になる。このことは、人々をブータンに引きつける大きな誘因となり、不法滞在者の増加につながったというのも現実です。

二〇〇七年、ついにインド・ブータン条約が改定されました。インド政府による「外交への助言と指導」という項目が削除されたのです。この条文は、以前から死文化されているのだから大きな変化はないとブータンの官僚は言っていましたが、条約が改定されたときには、たいへん喜んでいました。

それからシンチュラ条約を引き継いだインド・ブータン条約では、補助金は年間五〇万ルピーに引き上げられていましたが、その項目も削除されました。

以前の条約から引き継がれたのが、ブータン人とインド人はお互いの国民を内国民扱いするということです。身分証明書が必要ですが、彼らはパスポートを持たずにお互いの国を行き来することができます。

ブータンの財政について見ることにします。二〇一二年から二〇一三年に執行されている予算です。歳入は日本円に換算して五一〇億二五〇〇万円です（一ヌルタムを、一・六円として換算）。

このうちインドからの無償援助が一七一億五九八万円です。改定されたインド・ブータン条約では、援助金を支給するという取り決めは削除されましたが、今日でもインドがブータンを支援するという精神は引き継がれていて、インドから無償援助がなされています。

ＧＮＨと深く結びついた項目として、医療・保健の予算を見ることにします。二〇一三年、医療・保健関係に二八億六二〇〇万円、薬剤に二億一六〇〇万円をあてています。ブータンでは病気になると、まずブータンの保健所、病院で受診します。ブータン全土には医師は一八六人しかいないので、ブータンでの治療が困難な患者はインドの病院に送ります。その支払いが一億六八〇〇万円です。三億九三〇〇万円は地方の保健所の運営に用います。現在ブータンには医師を養成する医科大学がないので、医療関係の奨学資金が一億一一八〇万円です。また二億一七六〇万円を給水事業にあてています。

二〇一一年から深刻なインド・ルピー不足に悩んでいます。ブータンとインドの経済規模の格差はたいへん大きなものですが、それにもかかわらず、インド・ルピーとブータン・ヌルタムの通貨交換比は一対一を保っているのです。

また最近、ブータンは建設ブームで、首都ティンプーにはどんどん家が建っています。ブータンの国民は、気軽にローンを組むようになりました。ブータン人の庶民が、銀行からお金を借りるということは初めての経験だと思われますが、利子についてあまり気にしていません。友人に高い利子のお金を借りたら大変なことになるよと忠告しても、何とか返せるよ、と言います。ブータンの人々はまだローンについての知識も経験も乏しいと言わざるをえないと思います。

ブータンとの新しい関係

このような時代を背景にして、日本でもブータンに興味をもつ研究者が現れ、いろいろな分野で研究がはじまりました。

二〇〇九年、総合地球環境学研究所の主催する「人の生老病死と高所環境――『高地文明』における医学生理・生態・文化的適応」という研究課題で、医師一人をブータンに常駐させて調査・研究したいという希望が、京都大学東南アジア研究所教授の松林公蔵氏から寄せられました。私はブータン政府にこの研究への協力を依頼しました。その結果、坂本龍太氏がブータンで調査と医療に従事しています。

京都大学も二〇一〇年から全学的国際交流事業「京都大学ブータン友好プログラム」を発足させました。健康、文化、安全、生態系、相互貢献の五つの分野で研究が開始されました。医学部付属病院からは、医師と看護師のチームが、数次にわたってブータンに派遣されています。

ブータンと日本の関係の発展について述べると、二〇一一年一一月、第五代ケサル・ナムゲル・ワンチュック国王とペマ王妃が国賓として来日しました。国会で東日本大震災の被災者を励ます演説を行いました。日本の国民はその言葉に深い感銘を受け、日本中にブータン・ブームが起こりました。ブータンが、これほどまでに日本人の関心を引くことになるとは、古くからブータンに関わって来た私にも信じられないことでした。

日本とブータンの友好関係に尽くした方々のその後について、紹介したいと思います。

二〇一一年に桑原武夫氏のご子息である桑原文吉氏が、ケサン・ワンチュック皇太后を訪問しました。皇太后はその面会をたいへん喜ばれました。ダゴ・ツェリン氏は、国連大使、内務大臣、インド大使、日本大使を務めた後、公職から隠退しました。西岡里子氏は、中尾佐助氏と西岡京治氏が共著で刊行した『ブータンの花』を北海道大学から再刊しました。

図2-15　第五代ケサル・ワンチュック国王の結婚式（撮影：榊原雅晴氏）

ブータンで学んだこと

私のブータンでの経験を述べたいと思います。私はブータンで四つの仕事をしてきました。

一九八四年、国立民族学博物館のために民具の収集を行いました。

一九八五年にマサ・コン登山隊の副隊長を務めました。

一九九二年には中央図書館へ日本政府が文化無償援助を行いました。ブータンは経典を刷るときに版木を彫りますが、印刷したあとの版木は適切に保存されていませんでした。その結果、版木は虫に食われてしまうので、それを保管するための文化援助事業を行いました。

一九九九年にはパロの国立博物館へ文化無償援助を行いました。これは展示場の照明の改善と伝統文化を記録するために映像機器を提供する事業でした。それとともに、現在のブータン国立博物館では、歴史的遺物も動植物標本も民具も、すべてがこの博物館に収蔵、展示されています。しかし、それでは、地震や火災などの災害でこの博物館が被害を受けるとそのすべてを失うことになります。将来的には、それぞれの専門博物館を設けることが望ましいという博物館の将来構想を助言しました。

私は、とくに二つの日本からの文化無償援助を通して、感じたことがあります。それは、ブータンの人たちと仕事をすると、そこに地位の勾配が生じることです。ブータン人から見ると、私にものを頼むと何らかの援助案件となり、それを実現してくれそうだという期待になります。

これはよくないことだと気がつきました。私は、いつまでもブータンの友人として、同じ地平、同じ目線でいたいと願っていました。しかし、ブータン人は、私を金持ちの国・日本から来たサンタクロースという目で見るようになっていきました。

そのような上下関係ができるのを解消する唯一の方法は、日本側がブータンからいろいろなものを受け取ることだと気が付きました。

それぞれの文化には、その文化が誇る音楽、踊り、絵画そして食事といったものがあります。そのような文化を共に楽しむことが、相手を尊重し尊敬することになります。ブータンから多くのものを受け取らなければ、この上位者と下位者の関係は平等なものにならないと思います。

最近、日本人がブータンのＧＮＨについて学ぼうとする動きがあります。東京都荒川区はＧＮＨの考え方に大きな関心を寄せています。またブータンの考えているディセントラリゼーションについて耳を傾けてみることは、よい試みだと思います。

本章の最後は、ブータンとの関係を切り開かれた桑原武夫氏の言葉で締めくくりたいと思います。一九八一年、京都大学学士山岳会は、創立五〇周年を祝いました。その席で桑原氏はフランスの文学者の言葉を用いて、「少年の日に夢見たことを大人になって実現することが、もっとも幸せな人生である」と祝辞を述べました。

このように見てくると、ブータンとかかわった京都大学をはじめとする人々の五六年は、ブータンがどのような理想を掲げて国づくりをしてきたかを見つめる五六年でしたし、ブータンの山に登りたいという山男たちの見ていた夢が実現していった歳月であったと思います。

参考文献

The Centre for Bhutan Studies, *Gross National Happiness*, The Centre for Bhutan Studies, 1999.

堀了平『偉大なる獅子――マサ・コン峰登頂』講談社、一九八六年。

桑原武夫編『ブータン横断紀行』講談社、一九七八年。

小方全弘『ブータン素描――美しきヒマラヤの王国』芙蓉書房、一九六九年。

中尾佐助『秘境ブータン』毎日新聞社、一九五九年。

中尾佐助・佐々木高明『照葉樹林文化と日本』くもん出版、一九九二年。

中尾佐助・西岡京治『ブータンの花〔新版〕』北海道大学出版会、二〇一一年。

西岡京治・里子『ブータン――神秘の王国』ＮＴＴ出版、一九九八年。

Ministry of Finance. *National budget financial year 2012-13*, 2012.

ＮＨＫ取材班『遥かなるブータン――ヒマラヤのラマ教王国をゆく』日本放送出版協会、一九八三年。

坂本龍太『ブータンの小さな診療所』ナカニシヤ出版、二〇一四年。

東郷いせ『色無花火――東郷茂徳の娘が語る「昭和」の記憶』六興出版、一九九一年。

多田等観、牧野文子編『チベット滞在記』講談社、二〇〇九年。

＊図2-7～12は、撮影・栗田靖之、所蔵・国立民族学博物館。
図2-8は、西岡里子氏より掲載の許可を得た。

第Ⅱ部 ブータンの文化

プナカ寺ツェチュ祭のフィナーレ

第3章 ✣ 仏教と戦争――第四代国王の場合

今枝由郎

ブータンは数年来、特に二〇一一年一一月に第五代国王ジクメ・ケサル・ナムゲル・ワンチュック夫妻が、図らずも新婚旅行のかたちで日本に来られてから、一種のフィーバーとも言えるような注目を集めました。中でも、その年の三月に東日本大震災で破壊的な被害を被った福島の小学生を相手に第五代国王が話された「龍という人格」の話（岩波書店『図書』二〇一二年四月号参照）は日本人の心を打ちました。それは「全ての人間、生きとし生けるものには仏になり得る可能性がある」という仏教思想に基づいたものです。仏を「龍の国ブータン」の龍にたとえ、子どもたちに自分の中にいる龍を大きく育てなさい、とやさしく諭したわけです。ブータンが仏教を精神遺産としていることを端的に物語っています。

現時点でブータンといった場合に誰もが思い浮かべるのは、GNH（Gross National Happiness）「国民総幸福」という第四代国王ジクメ・センゲ・ワンチュックが提唱した理念で、世界的に注目を集めています。この根底にもやはり仏教があります。そして何よりも「国民総幸福」理念の国に恥じず、ブータン国民自身が世界の中でも非常に幸福度が高いということで、注目されています。

幸福大国と戦争

この幸福の国ブータンというイメージと、今日のテーマである戦争は、一般の人には結びつかないと思います。しかし私の個人的な経験からしますと、第四代国王の三四年間の治世は、一瞬たりとも平和という時期はなく、本当に危険というか、暗い側面のほうが多かった時代だと思います。

第四代国王は一九七二年に即位し、二〇〇六年に退位・譲位しましたが、そのほぼ全期間にわたって私はブータンと関わってきまして、一九八一年から一九九〇年までの一〇年間はブータンに滞在しました。ブータンの庶民の生活というか、ブータン人気質は本当に穏やかで、和やかなところがあって、非常に楽しめました。しかし政治的なことを考えた場合、あるいは歴史的な観点から見た場合には、ブータンはずっと本当に危険な状況にあって、一瞬たりとも気が抜ける状態ではありませんでした。しかし現時点では幸福のイメージが先行して、こちらのいわば暗い側面は、ほとんど知られていません。

図3-1　ジクメ・センゲ・ワンチュック第四代ブータン国王

チベット人亡命者問題

三つの要素がありますが、第四代国王治世の最初の一九七二年から一九八〇年代の中頃までのもっとも大きな問題は、チベット人問題です。一九五九年のチベット動乱でチベットが中国に占領され、一四世ダライ・ラマがインドに亡命しました。現在までに一〇万人くらいのチベット人が主にインドに亡命しています。ブータンにも一万人近くが亡命しましたが、そのチベット難民との関係が非常に難しかった。チベット亡命政府とブータン政府との主張の間には大きな隔たりがあり、現在でもどちらの主張が正しいかはわかりません。私はべつにブータンの肩を持つわけではありませんが、研究者として歴史関係を客観的に見た場合、こう要約できます。チベット亡命政府の一部には、チベット仏教圏の最後の独立国であるブータンを乗っ取り、そこをいってみれば第二のチベットとし、そこにダライ・ラマを君臨させるという構想が生まれたということです。

第四代国王暗殺未遂も二度ほどありました。その背景は説明すると長くなりますが、第三代ブータン国王には正室である王妃との間に四人の子どもがいましたが、男は王子一人でした。それが第四代国王です。ところがチベット人の側室がいて、その側室との間にも一人の男の子がいました。そうした中で、一部の亡命チベット人が正室との間のブータン人王子を暗殺し、チベット人側室との間に生まれた王子を第四代国王に擁立するという策略を計画しました。チベット亡命政府側はこれを否定していますが、私はチベット側が関与したことは事実だと思います。

そのとき、ブータン国内にいる一万人ほどのチベット難民の態度が非常に問題となりました。ブータン政府は、ブータンに居住するチベット難民に、ブータンに残る気があるのであれば、申請してブータン国籍を取るように勧告しました。しかしブータン国籍を申請した人はほとんどなく、ほぼ全員がチベット難民のままで残ることを選択しました。ブータン政府は、チベット難民がブータン国籍を申請しないのは、ダライ・ラマ亡命政権がブータンを乗っ取るのを待っていて、そのときにはチベット国籍のままでいたい、つまりダライ・ラマへの忠誠心の表れだと理解したのです。

私がブータンに赴任した一九八一年は、その渦中でした。一九八二年、一九八三年頃にはチベット国籍の難民のままで、ブータン国籍を取得しなかったチベット人八千人ほどが国外退去を命じられ、インド政府がチベット難民を受け入れるというかたちで解決されました。それが国際的には、ブータンによるチベット難民虐待と報道されましたが、決してそうではありません。

チベットとブータンは隣国であり、文化的に、ことに宗教的に共有するものが多くあります。それゆえに親しみも感じ合うけれども、政治的には反発しあうという関係は昔からのことです。しかし一九八〇年代前半に難民問題が解決されてから、両国の間に緊張関係はなくなりました。

ネパール人難民問題

その次に出てきたのが、ネパール人難民問題です。これはブータンにとっては、チベット人亡命者問題以上に大きな問題でした。一九世紀末からブータンの南部にはかなりな数のネパール系の人たちが住み着くようになりました。中にはブータン国籍を取得し帰化した人もいますけれど、申請をせず、ネパール人のままで、言語的にも文化的にもブータン社会に溶け込まない人たちも多くいました。

そうした中で、ブータンはネパール側が仕掛けたグレーター・ネパール運動、つまりネパール拡張運動に巻き込まれました。この運動の最大の成功例は、一九七〇年代中頃にあったブータンの西隣のシッキム王国の乗っ取りです。つまりチベット文化圏であったシッキムで徐々にネパール系の人口が増えて、いわば「ネパール州」になってしまった例です。それと同じ流れで、インドの西ベンガル州のダージリン地区を「ネパール特区」にし、自治権のようなものを獲得しました。

ネパール政府は否定していますけれども、この流れをさらに広げて、ブータンをも乗っ取ろうという策略があり、それがブータンのネパール人難民問題の主因です。一九九〇年前後にブータンから八万人とか九万人のネパール系住民が「難民」として彼らの母国であるネパールに戻り、「難民」キャンプがつくられて、国連の難民高等弁務官事務所（UNHCR）もそれを認定しました。この解決にむけての二国間交渉、および国連との関係で、ブータンは国際世論から強いバッシングを受けました。チベット難民を追い出した後、今度はネパール系の住民を追い出し、「民族洗浄」していると非難されたのです。私が一九九〇年末にブータンを去った後、おそらく一九九三年ぐらいまでがピークでした。その後は、ネパール側の政情不安もあって、問題の真相はうやむやのまま、「難民」キャンプも解消されました。問題が解決したのではなく、時間の経過とともに立ち消えになったというのが実情です。

アッサム独立派ゲリラ問題

次に出てきたのが、本章でお話しすることに関連する問題で、ブータン南部に立てこもったアッサム独立派ゲリラをブータンが国外に追放した軍事行動です。これは、アッサム独立派ゲリラがブータンに戦争を仕掛けたわけではなく、もちろんブータンが仕掛けた戦争でもありません。実際にはインドの内政問題の飛び火です。

その背景は、アッサムの中にインド連邦に残りたくない、つまりインド連邦から独立したいという動きがあって、彼らがアッサム独立のためにインド軍と戦っていました。インド国内では、インド軍のほうが優勢で、アッサム独立派ゲリラは、ネパール人がいなくなったブータンの南部に逃れ、そこに拠点キャンプをつくり、そこからゲリラ戦をインドに仕掛けていました。インドでの戦いで情勢が悪くなると、ブータン南部に戻り、インド軍の反撃を逃れていました。

ブータンは独立国である以上、ゲリラがブータン国内に逃れると、インド軍はそれ以上は追撃できません。ですからアッサム独立派ゲリラ側は非常に有利な戦いを進めることになりました。それが一〇年ほど続いて、ブータン側は退去するようにと辛抱強く説得しましたが、アッサム独立派ゲリラ側は一切聞き入れませんでした。その間にインド政府側がしびれを切らせて、「現状が続く以上、ブータンがインドに敵対しているとは考えないけれども、ブータンはインドに敵対する勢力を支持しているという解釈しかできない。これ以上現状が続く場合、インドはブータン南部に軍隊を投入し、自ら問題解決に当たる」と二〇〇三年に最後通牒を出しました。

それを受けたのが第四代国王です。当時は今の政体とは違って、国王親政で、ブータン軍の最高司令官は国王で、国王が最後通牒を受けたわけです。そこでやむなくブータン領内に陣取ったアッサム独立派ゲリラのキャンプを撲滅し、インドに追い返すという作戦を実行することになりました。これをブータン人は、第二次ドゥアール戦争と呼んでいます。

第一次ドゥアール戦争が起こったのは一八六四年から一八六五年です。ドゥアールというのは、ブータンの南のインド領一帯を指します。そこをブータンは一八世紀の中頃から実効支配していました。ところが、インドを植民地支配し始めたイギリス軍の手がそこに伸びてくるわけです。そこでイギリス軍とブータン人の戦争が二年にわたって行われました。これが第一次ドゥアール戦争です。

この一八六四年から一八六五年以来、ブータンは一度も戦争を経験していません。ですから、一世紀余ぶりに戦争状態に入ったわけですけれども、このことは外部にはほとんど紹介されていません。

しかし、第四代国王の王妃四人のうちの一番上の王妃が書いた本があります。それは私が訳して『幸福大国ブータン——王妃が語る桃源郷の素顔』というタイトルで二〇〇七年にＮＨＫ出版から出ています。その中に王妃自身の、自分の主人に当たる第四代国王が、いかにこの戦争に立ち向かったかという貴重な証言があります。

このときブータンは正規軍を動員しただけではなく、国民義勇兵を募りましたが、その義勇兵に、第四代国王の次男、著者である王妃の長男が加わったことが記されています。ですから王妃は、自分の主人と長男の二人が戦争の最前線に立ったことになります。

第四代国王の陣頭指揮

二〇〇三年一二月にインドから最後通牒を受けて、ブータンは軍事作戦を取らざるをえなくなりました。そこでブータン国民全員が何よりも驚いたのは、第四代国王自らが軍事作戦を立て、陣頭指揮を執ることになりました。国体上、国王が軍の最高司令官ですから、これは当然とも言えますが、やはり異例です。将軍位にある軍人の最高司令官は首都ティンプーに残ったまま、国王自らが義勇兵である王子と連れ立って戦場に陣頭指揮に赴いたというのは、おそらく他に例を見ない行いです。

結果的に、実質的な戦闘は一二月一五日、一六日のたった二日間で、ブータン側の電撃的な勝利に終わりました。その閻王妃は、かなり心配していたようですが、この本の中で、私が一番印象に残ったのは、次の最後の文章です。

「一二月一五日から一六日にかけての一日半という短い間に、一四年以上の間に渡って作られてきた三〇のゲリラキャンプはブータン軍により一掃され、指揮者の大半は逮捕され、残りはインドに逃れました。

しかし、勝ちどきもなく、戦勝式典もありませんでした。それは、ブータン人気質ではありません。私たちはバターランプを灯し、戦争で命を落とした一一名のブータン人兵士と、同じく戦死したゲリラたちの冥福を祈りました」(二一九頁)

これは事実そのとおりで、国王が軍事作戦を終えてティンプーに戻ったとき、誰一人としてそのことを知らなかったというか、歓迎式典もなければ、国家行事も一切ありませんでした。国王は、一人ではないにせよ、静かに自分の住まいに戻っただけで、それ以上の何の式典もなかったのです。これを読んだときに、私は本当にブータン的だと思いました。

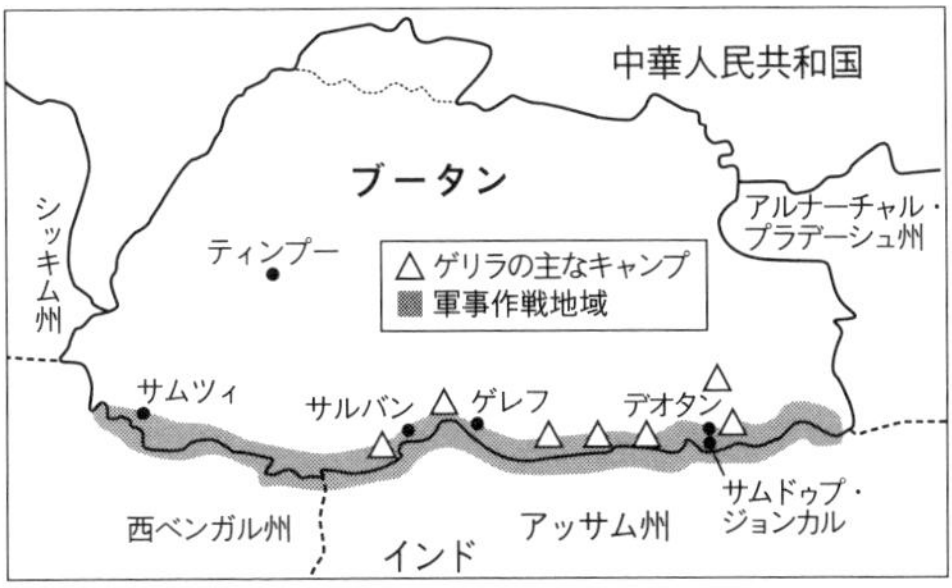

図3-2　ブータン軍によるアッサム独立派ゲリラの掃討

一義勇兵の証言

それ以後、私自身もこの事件は終わったこととして、それ以上調べることはありませんでした。ところが二〇〇九年になって、オーストラリアの政治家、国会議員であり、最後は副首相になったティム・フィッシャーという人と、ブータン人ツェリン・タシという人の共著で*Bold Bhutan Beckons*という本が出版されました。その第一〇章は"Hotel Mike and his warriors, the 2003 conflict,"日本語に訳しますと「ホテル・マイクとその兵士たち、二〇〇三年の紛争」ですが、この戦争のことを扱っています。Hotel Mikeというのは、頭文字を取れば「HM」で、His Majestyの略語と同じです。戦争のときは軍事作戦上、本当の名前は言いませんから、国王のことをHis Majestyと言わずに、Hotel Mikeという暗証というかニックネームを使ったわけです。

これを読むと、私自身本当に今まで知らなかった、誰も書いていないことがいくつもあって、非常に驚きました。そしてもう少し裏が取れないかと思っていたところ、二〇一二年三月ブータンに滞在しているときに、この共著者のブータン人に会えました。彼自身も国王の次男と同じく、義勇兵として実際に戦争に加わった一人です。ただ、彼はほかの義勇兵たちとは違って、そのときにはメモを取ることに専念していたと言います。そのメモを基に第一〇章を書いたということがわかりました。ですから、この一〇章は聞き書きではなく、彼自身の体験に基づいています。

また彼は、第四代国王に長く仕えた、一種の侍従長に当たる人をお父さんに持っています。当然お父さんからもいろいろなことを聞いていたでしょうから、ただ普通に志願した義勇兵とは違います。ですから、彼の言うことであれば、まず間違いないという確信が持てます。ここでそれを少し紹介しようと思います。これから私が引用するのはすべて彼ツェリン・タシが述べていることの翻訳ですが、少なくとも私にとって、とても驚くべきことが書いてあります。

第四代国王にとっての軍隊

国王の日頃の軍に対する演説ですが、「ブータン軍の目的は戦争をすることではなく、平和を保つことである。軍にとっていちばん難しいのは戦争に勝つことではなくて、平和を保つことだ」。ブータン軍の全兵士は、いつも国王の言葉、訓示として、こう聞かされています。

さらに、このアッサム独立派ゲリラ問題が表面化してきて、武力行使によって彼らを国外追放せざるをえなくなったときに国王が述べた言葉は、「国王の最も重要な責務の一つは、国内に紛争がない状態を保つことである。国王が国内に紛争が起きるのを防げないなら、国民が何も言わなくても、国王は自分が最も重要な責任を果たせなかったことを自覚し、全責任を取るべきである」です。

アッサム独立派ゲリラの国内占拠は、ブータン側の問題ではないにせよ、とにかく国にとってこういう事態がすでに何年も続いているということは、やはり最高責任者である国王自らの責任である、ということになります。それが国王が自分で陣頭指揮を執ることを決めた一番の理由なのでしょう。

これはこの本の中にも書いてなかったのですが、当時ブータンの試算では、ゲリラ兵は三一の区画に立てこもっていて、総数はほぼ二七〇〇人でした。これも後からわかったことですけれども、国王は実際に軍事作戦に出る前に、その三一のキャンプを全部自分で訪ねて行っています。そのときに国王始め随行者は誰一人武器を持たず丸腰のまま行って何度も解決策を話し合いました。これはアッサムゲリラ側の首謀者の一人がインドの新聞に対して答えていることであって、ブータン側が言っていることではありません。ですから、信用していいと思います。

国王は自分で何回もアッサムゲリラ側のキャンプに行って、国外に退去するようにと説得しました。

そのときにアッサム側の首謀者たちは、「インド連邦はほんの一九四七年にできたものである。そのつい最近に付き合い始めたインド連邦が大切か、二千年以上にわたって隣同士で仲良くしてきたアッサムが大切か、それはわかるだろう」と国王に言ったということです。しかし国王はそれには答えずに、とにかく説得を続けました。

二〇〇三年にインドから最後通牒を受けて、軍事行動に出ざるを得なくなりました。相手は三千人ぐらいだということはわかっていましたが、ゲリラ兵を相手にする場合、兵隊の数はその約一〇倍、すなわちほぼ三万人必要というのが軍事専門家の意見でした。

ブータン軍は、動員しようと思えば三万人は可能でした。でも国王は、その選択はしませんでした。代わりに義勇兵というかたちを採りました。義勇兵志願者は数千人いましたが、軍側が中途半端な義勇兵を抱えることはむしろ危険ということで、本当に身体的にも軍事活動に適した、ブータン王国を守りたいという決意の固い人だけに限定したので、六七〇人ぐらいにしかなりませんでした。

これは私自身が国王から聞いた話ですけれども、「二〇〇三年末までアッサムのゲリラ兵がブータンに立てこもった場合には、インド軍は三万人の正規軍を投入して一掃する」との最後通告がありました。それまでインド軍はブータン領内に侵入しませんでしたが、ブータンがインドにとっての敵を匿っている以上、ブータンも敵と見なさざるをえず、ブータンに侵入せざるをえない、との内容でした。これは独立国ブータンにとっては絶対に許せない事態であり、国王は軍事作戦でアッサムゲリラを国外追放せざるをえないと決断しました。つまり、それまでは交渉によって問題を解決しようとしていましたが、それは実りませんでした。そこに、インド軍によるブータン国内侵入という最後通牒を受けて、国王自身が責任をとって軍事作戦に出る以外に選択肢がなくなったというのが背景です。

中央僧院ヤンペ・ロポン（声明博士）の開戦訓示

実際に一二月一五日に軍事行動に移ったとき、国王は全義勇兵、および全兵士を前に演説しました。ところが誰もが驚いたのは、その演説に先だって、中央僧院のヤンペ・ロポン（声明博士）の位にある偉いお坊さんが、次のような訓示をしたことです。彼は全兵士および義勇兵に向かって、「あなた方は慈悲の心を持たねばならず、敵といえども、他の人間と同じように扱わねばならない。あなた方は、あるいは夫であり、子どもであり、親であり、兄弟であり、友達である。ゲリラ兵もあなた方とまったく同じで、全員誰かと何らかの関係にあることに変わりはない。仏教徒として殺生が認められるとは絶対に思ってはならない」と諭しました。

ツェリン・タシはそれを聞いたときに、信じられなかったと言っています。彼はよく本を読んでいる人で、義勇兵となってから兵法のバイブルである『孫子』を読んでいました。その中には、「敵を殺すには、兵士は怒りに駆り立てられねばならない」とあって、それが戦争に勝つということです。ところが、これから戦争を始めよう、軍事作戦に出ようとするときに、これとはまったく逆のことを、国王はヤンペ・ロポンに訓示させたわけです。全員、どういうことかわからなかった、ということです。

第四代国王の開戦訓示と終戦訓示

その直後に国王が述べた言葉は、「もし一国が自衛できず、自らの安全を他の国に頼らざるをえないなら、その代償は大きい。国の安全を失えば、われわれは主権を失うことになる。それ故にブータン軍には特別な役割がある。わが国の主権と安全を守るのは、軍の栄誉であり特権である。運命はわれわれにその機会を与えてくれた。いま進撃したならば、ゲリラ兵を一人残らず国外に駆逐するまでひるむことがあってはならない」。これが進撃の合図を出す前の国王の最後の言葉でした。

ある面では、決して矛盾はしていないとしても、戦意を高めるどころか、むしろ消沈させるような言葉をまず聞かされて、それから国王の訓示を聞いて、ツェリン・タシは非常に不審に思ったと言っています。

詳しいことは一切省きますけれども、戦闘作戦は一日半で成功裏に終わりました。国王は戦闘が終わったとき、また全員を集めてねぎらいの言葉を与えましたが、そのときの言葉は、「紛争が終わったからと言って、なんら喜ぶ理由はない。軍事的基準からして、勝利は速やかで、戦果は優れたものであった。しかし、戦争行為において誉れとできるものは何一つない。一国が紛争状態にあることは決して好ましいことではない。いつの時代にあってもそうであるが、国家にとって最善なのは、紛争を平和裏に解決することである」。「ブータンはいかなる状況においても、軍の戦力に頼ることがあってはならない。ブータンは世界の二大大国にはさまれた国という地理的状況からして、軍事力でもって主権を守ろうというような考えは決して許されない」でした。

それを受けて、ブータンの国営新聞『クエンセル』の論説主幹であったキンレ・ドルジは次のように書いています。

「こうした対立の後で悪感情が生まれないことを望むのは無理であろう。しかし今になって強い感情は後悔と憐憫であるというのは、ブータン人の特性であろう。私たちはアッサムおよび西ベンガルの人たちに変わることのない友情を誓った。不思議なことに、この作戦の全期間を通じて、いかなる敵対心もなかった。あったのは、残念ながら必要に迫られて避けることができなかった、という後悔だけであった」

先ほども引用した王妃の言葉にもありますが、いわゆる戦勝式典というのは一切ありませんでした。普通、戦争なり、軍事作戦に成功したときは、誉れのあった兵士を国家として表彰する儀式が行われるものですが、それもありませんでした。一一名のブータン兵が命を落としました。アッサム側にも死者が出たことは確かですけれども、正確な数字はありません。とにかく一一名のブータン兵士と敵対したアッサム側で命を落とした人の冥福を祈りたい、というのがブータン人の感情でした。

もう一つ重要なことは、このアッサム人に対する軍事作戦以後、アッサム人がブータン人に報復に出たことは一度もなかったという事実です。これはやはり国王が言っているとおり、最も重要なことは戦争に勝つことではなく、平和を保つことである、という信念があってこそ、こういう結果になったのだと思います。

義勇兵の一人であったツェリン・タシは、捕虜を一度も虐待したことはないし、国王からの指示により、捕虜も全員ブータンの兵士とまったく同じ食事をして、もちろん別棟ですけれども、まったく同じテントに寝泊まりしたと記しています。これはブータン側だけの資料を引用しているわけですから、一方的で信憑性に欠けると言われればそうですが、アッサム側の発表は一切ありません。

第一次ドゥアール戦争（一八六四-六五年）でのイギリス兵の証言

ところで、二〇〇三年の戦闘を第二次ドゥアール戦争だとした場合に、それより一世紀以上前の第一次ドゥアール戦争は、イギリス人がブータン人と対立したものですが、そのときのイギリス側の報告書が残っています。それはマーク・グレゴールというイギリス軍の記録係によって一八六六年に出版されたものです。その中にこう書かれています。

「しかしながら、戦士としてのブータン人の資質のよさを物語る事柄がある。彼らは極めて人間的であり、戦争期間中、彼らが死体を切断したり、捕虜を虐待したことは一度もなかった」

戦争直後のイギリス側の記録です。一八六四-六五年の戦争と二〇〇三年の軍事作戦とを一緒にはできませんが、国王の指示でブータン側が捕虜をブータンの兵士とまったく同等に扱ったとツェリン・タシが述べていることは、アッサム側から一切の報復行為がなかったということを合わせて考えると、まず信用していいのではないかと思います。

ブータン戦勝記念碑

いわゆる戦争式典もなかったわけですが、唯一残ったのは、仏塔です。ティンプーからプラカに行く途中に三千メートルを超えるドチュラという峠があります。峠ですから当然、昔からチョルテン（仏塔）が一基ありました。それに新たに一〇八基加えて、ブータン戦勝記念碑というかたちできれいに整備され、それ以前のドチュラ峠とはまったく異なる趣になりました。

そのチョルテン群のほかに、もう一つ、チョルテンの脇にお堂が建てられました。それが亡くなった兵士たちを弔う仏間、寺院というかたちで残っています。いまはこの戦争が行われた一二月に、ツエチュと呼ばれる宗教行事（次章参照）が行われるようになりました。しかし、二〇〇三年のアッサムゲリラ兵撃退作戦は、もうほとんど誰も語ることはありません。非常に印象深いことです。

このことが第四代国王だけに限られるのか、あるいはブータンという仏教国としての意識から、いつもこういうかたちが取られるのかはわかりません。しかし、たとえば日本での第二次大戦当時の仏教者と戦争との関わりと比べてみると、ブータンはやはり非常に仏教の教義に忠実であると言えます。たとえば、ブータンは戦争を始める前に、国王は、僧侶の一人に兵士に訓示させていますが、根本的に不殺生戒があります。しかし実際にはブータン側で一一人が亡くなって、相手のアッサム側にも犠牲者が出て、殺生ということにつながりました。けれども何も言わずに、何も意識せずに、ただ戦闘行為として行った場合に比べたら、やはり本質的な違いがあると思います。

図3-3　ブータン戦勝記念碑

第二次大戦と仏教、日本の場合

日本では第二次大戦のとき、不殺生戒に関して、人間も含めて目の前にある本当に生きたものを殺すのは駄目だというのは小乗仏教の不殺生戒であって、大乗仏教の不殺生戒というのはそうではなく、むしろ敵を殺すことこそ仏法を守り、国を守るための本当の不殺生戒であるという解釈がなされました。そして、戦闘行為における敵の殺生を積極的に肯定、鼓舞した部分があります。これは仏教徒として見た場合には、やはり逸脱であったとしか言えないでしょう。

興味深い例として、一人の仏教学者の場合があります。田村芳朗という立派な仏教学者ですが、彼もやはり兵役で戦争に関わらざるをえませんでした。彼は熱心な仏教信者として知られていたらしくて、上官が彼に「天皇陛下と『法華経』とでは、どちらが上だ」と質問しました。田村芳朗氏は「時代の雰囲気として、あのとき天皇陛下としか答えようがなかった」と回想していますが、それを一生後悔したと述べています。

これは一例ですが、日本の場合、戦争に対してそういう態度を取ったわけです。国の全体の在り方として、ほぼ全員そうでした。それと比べると、ブータン国王はわざわざお坊さんを呼んできて、いかなる状況でも殺生はやはり許されない、と言わせています。その二つの間には大きな隔たりがあるというより、まったく違うのではないかと思います。

第二次世界大戦に関して、もう一つ、一九五一年のサンフランシスコ講和に触れたいと思います。サンフランシスコで行われたからでしょうけれども、日本人の意識の中には、アメリカとの終戦のことしかありません。しかし実際には、あのときにアジアのいくつもの国も、やはり日本との戦争状態を終結し、いわゆる「講和条約」を結んだのです。今は一般の人の記憶として残っているかどうかわかりませんが、その中で最も有名なのは、セイロン（現スリランカ）代表の言葉です。セイロンも戦争によって日本から被害を被ったので、当然損害賠償請求権がありました。しかし仏教徒として、「じつにこの世においては／怨みが、怨みによって消えることは、ついにない。／怨みは、怨みを捨てることによってこそ消える。／これは不変的真理である」という有名な『ダンマパダ（法句経）』の言葉を引用して損害賠償を放棄しました。もし日本が逆の立場で、戦争被害国の立場だったとしたら、どういう要求をしたでしょうか。はたして本当に仏教国として、この仏の教えによって戦争賠償を放棄するようなことを言ったでしょうか。

こうしたことを考えると、ブータンはあくまで仏教国の立場を貫いていると言えます。戦争行為を余儀なくされた場合には、もちろんせざるをえない。ある面では仏教徒としての立場と矛盾しますが、それは国家として存在している以上、悲しい状況として受け入れざるをえないのも事実です。しかし戦争に対するこうした立場と、第二次世界大戦で日本が取った態度とは本質的に違うものがあると思います。

結び

第四代国王が提唱した国民総幸福が注目されていますが、その基盤にあるのは、やはり仏の教えです。様々な事例からして、ブータンはこの基本的な、最も重要な教えに忠実に生きていることが伺えます。この章では二〇〇三年の軍事行動のことをあらためて思い直して、そこに見られるブータンの仏教国としての立場を考えてみました。

第4章 ❖ ブータンの仏教と祭り——ニマルン寺のツェチュ祭

今枝由郎

この章ではニマルン寺のツェチュ祭についてお話しします。これはお祭りである以上、一種の見せ物的な面があり、言葉で説明してもなかなか伝わりにくいところはありますが、その点はご容赦ください。

ニマルン寺の由来

まずニマルン寺というお寺について少し説明します。中央ブータンのブムタン地方には四つの谷がありますが、ニマルン寺はその一番西のチュメ谷にあります。いまの首都ティンプーからいちばん近いのですが、それでも車で丸一日はかかる距離にあります。

決して古いお寺ではありません。というのは、そのお寺を創建した人はドリン・トゥルク（一九〇二―一九五二）という二〇世紀前半の人です。東チベットのカム地方、いまの地名でいえば四川省出身のニンマ派のお坊さんで、ブータンに滞在したのはほんの数年です。

なぜ東チベットのカム地方の人が遠路ブータンに来たかに関しては、少し歴史的な背景があります。

チベット仏教は七世紀あたりからの長い歴史を持っていますが、やはり栄えて活力のあった時期と衰えた時期があります。一七世紀あたりにはかなり活況があったのですが、それ以後は衰退・停滞時期に入り、それがもう一度大きな力を取り戻してきたのが一九世紀の東チベットなのです。

そのころ、いわゆるリメ運動が起こりました。「リ」は「偏り」、「メ」は「ない」という意味で、リメとは日本語に訳すと、偏りのない超宗派、あるいは宗派折衷ということです。それまでのチベット仏教は、ゲルク派、サキャ派、カギュ派、ニンマ派と分かれていましたが、そのような宗派にとらわれず、仏教を総体的に見ていこうという動きが生まれ、その時期に新たに復興するわけです。

その直後である二〇世紀に入り、東ブータンの仏教が非常に活性化していたときに、ブータンの第二代国王ジクメ・ワンチュックがそれに注目しました。ブータンでも同じく仏教は衰退期に入っていたので、その仏教をもう一度活性化、復興しようとしました。長い間中央チベットがチベット仏教の総本山のような役割を果たしていたにもかかわらず、距離的にもはるかに遠い東チベットにブータンの若いお坊さんたちを送り込み、そこで勉強させました。彼らが戻ってきて、ブータンの仏教に新しい息吹を吹き込んだのが第二代国王のときなのです。

ツェチュ祭

ニンマ派という宗派にとっていちばん大きな法要（儀式／お祭り）がツェチュ祭で、当然ニマルン寺でも年に一度行われます。「ツェチュ」はチベット・ブータン語ですが、「ツェ」は一日から三〇日までである月の「日」を指し、「チュ」は数字の「一〇」ですから、「月の一〇日」という意味で、お祭り

図4-1　クジェ寺のツェチュ祭の最終日。パドマサンバヴァの大仏画の開帳

は必ず月の一〇日に行われます。

日本の暦ではひと月は一日から三〇日までという数え方しかありませんが、チベット・ブータンの暦では、月が白分と黒分の二つに分けられます。つまり、新月から満月に至る間の一五日間が白分で、満月から新月に向かう一五日間が黒分です。それぞれに「一〇日」があります。ですから、厳密に言うとツェチュ（一〇日）は一月に二回あって、白分の一〇日と、黒分の一〇日です。しかし普通には白分の一〇日をツェチュと呼び、ツェチュ祭はこの日に行われるお祭りです。

グル・リンポチェ・パドマサンバヴァ

この祭りは、ニンマ派にとっては開祖としてあがめられるグル・リンポチエ（「貴重な師」）、すなわちパドマサンバヴァ（「蓮華生」）ゆかりのものです。彼は八世紀後半に建立されたチベット最初の護国寺であるサムエ寺院の建立に大きく貢献したと伝えられています。同じくサムエ寺院の建立に関わったインド僧シャンタラクシタは、確実に歴史上の人物ですが、グル・リンポチェに関しては、はたして本当に実在した人物なのか、あるいはある時期につくり出された伝説上の人物なのか、はっきりは断定できません。彼に言及したもっとも古い文献は一〇世紀後半のもので、それ以前にはさかのぼりませんから、純学問的には、これはやはり非常に大きな問題です。しかしこの問題は別にして、現時点のチベット・ブータン仏教で、グル・リンポチェ以上に尊崇を集めている師はありません。

彼の伝記のいちばんの特徴は、普通の歴史上の開祖・宗祖たちの伝記はすべて、死、この人生での最期、いわゆる臨終をもって終わっているのに、彼の伝記には臨終が説かれていないことです。このことも、彼が本当に実在した歴史上の人物なのか、それとも伝説上の人物なのか、確証が持てない理由の一つです。

記してあるのは、ある年の、ある月の一〇日に、われわれが住む閻浮提《えんぶだい》という世界を後にして、阿弥陀仏で言えば極楽に当たる、彼の本来の住まいであるサンド・ペルリ（「銅色に輝く吉祥山」）に戻ったということだけで、死んだとは書いてありません。伝記を読むと、「月の一〇日に私に祈願をする人がいるところには私は必ず戻ってくる」という遺言が記されています。ですからツェチュというお祭りは、開祖であるグル・リンポチェを追憶する法要ではなく、彼に新たに祈願する機会という意味があり、開祖の入滅を追憶するといった普通の仏教的なお祭りとはまったく違います。

図4-2　プナカ寺のツェチュ祭の踊り

ツェチュ祭はニンマ派の開祖グル・リンポチェゆかりの行事ですから、本来はニンマ派固有のものです。しかしカギュ派の一支派であるドゥク派を国教とするブータンでも非常にポピュラーで、中央僧院でも催されています。その背景には、ブータンをドゥク派に統一し、建国の英主としてあがめられるシャプドゥン・ガワン・ナムゲル（一五九四－一六五一）がニンマ派の師からも教えを受け、カニン・スンジュク（カギュ派・ニンマ派兼修）という立場をとったからです。

チャム（仮面舞踊）

ツェチュ祭は仮面舞踊です。「チャム」と呼ばれる仮面をつけた踊りが中心で、ニマルン寺の場合は三日あります。最初の日は仮面も衣装もつけずに僧衣のまま踊るだけのリハーサルのようなものです。演劇などでいえばゲネプロ、総練習で、その後の二日間が本番で、仮面舞踊が行われます。

詩聖とされるミラレパ（一〇五二－一一三五）の伝記の中から取ったテーマなどいくつも演目がありますが、いちばん中心になるテーマはやはりグル・リンポチェです。彼がチュメ谷の人たちを悩ませていた悪霊を退治した場面の再現です。このとき人形のようなものを切っていますが、それが悪霊退治のクライマックスです。

ツェチュ祭のいちばんの特徴、他の仏教的なお祭り、特に日本などのお祭りと違う点は、これが、往時のグル・リンポチェの悪霊調伏を舞台の上でただ再現しているのではないということです。でもこの点は、チャムを見ただけでは伝わってきません。

悪霊退治

退治したと言いましたが、チベット仏教の考え方としては、悪霊を一度退治したら、その後ずっと安泰かというと、決してそうではありません。わかりやすく言えば、いまの保険の契約更新と同じことです。最初の調伏は確かに西暦八世紀に行われましたが、一度調伏されたからといって安心しているわけにはいかず、年に一度は調伏を更新しなければなりません。さもないと、調伏が元の木阿弥になってしまうという概念が根底にあります。

その更新のためにグル・リンポチェを呼び出すわけですが、実際には現在のニマルン寺の管長がグル・リンポチェに代わって悪霊を再調伏しないと、村人の安寧は保証されないということです。ニマルン寺では七〇人ほどの僧侶がツェチュ祭に先立って法要を始めます。その法要を凝縮しますと、まずグル・リンポチェを呼び出し、ニマルン寺にお越し願います。そうしてグル・リンポチェが（実際には管長がグル・リンポチェになりきり）再び悪霊に話しかけ、退治することになります。

法要の内容をかいつまんで言えば、グル・リンポチェは、かつて自分が退治した悪霊に向かって、退治されたときの記憶をよみがえらせます。そのために、「おまえはかつては、こういう名前であり、そのとき仏教に敵対していた。そこで私が来て、どこそこの場所でこういうかたちで、おまえを退治した。そのときおまえは、もう以後は仏教に敵対せず、むしろ仏教を守る護法尊として、仏教の中に取り入れられることに同意した」とかつての出来事を語りきかせます。その後で同じ誓約をさせますが、これは契約更新で、悪霊が調伏された状態が継続されるようにするのがいちばんの目的です。それをいろいろなかたちで繰り返し行います。

こうしてツェチュ祭のライトモチーフというか、いちばんの中心テーマは、グル・リンポチェによる土着の悪霊の調伏、退治を繰り返すということですが、厳密に言えば、これは仏教そのものの信仰ではありません。ブータンやチベットにあった土着の神々を、仏教の立場から悪霊と見なし、それを退治したというのですが、これは土着の神を仏教に取り入れるための仕組みです。

悪霊たちに「以後は仏教に敵対しません。むしろ仏教を守ります」という誓約をさせる。それがグル・リンポチェの調伏という行為です。ですからある面では、土着の要素が取り込まれているという以上に、土着の要素の上に成り立っているのが、チベット仏教やブータン仏教の大きな構造だと思います。

演出

ニマルン寺の場合には、それを一般の人にわからせるための、他のお寺にはない一つの特別な仕掛けがあります。東チベットにカトという大きなお寺があります。そのカト寺で考案された仕掛けというか、一種の演出です。それが齢二千歳の老人で、これは他の寺のお祭りには出てきません。

グル八変化相と呼ばれる、グルの八つの異なった形の仮面をつけた踊り手が全員舞台に登場した後で、ひと休みします。彼らがテントの中で鎮座した時点で、この老人が出てきて、「私は現在、齢二千いくつであって、昔のことはよく覚えている。いま、ここにお出ましになっているこの方は○○で、私は以前に見たので覚えている」というようにグル・リンポチェの変化相を一つ一つ説明します。非常に生々しい臨場感があって、観衆に、自分たちが実際にグルの悪霊調伏の場に居合わせているかのような印象を与えます。これがニマルン寺のチャムの非常に特徴的なことです。

民衆が、この老人の口上の言葉を本当にわかっているかどうかは別として、大半の人は知っています。子どもたちにはわかりませんが、おじいさん、おばあさんは誰かから教えてもらって、言葉がわかっているわけではなくても、ちゃんとメッセージは伝わっています。このクライマックスのときは、全員があたかもグル・リンポチェがかつて悪霊を調伏した場に居合わせているかのような感じを持ちます。こうして信心を新たにするきっかけになっているのです。

共同体全体への加護

もう一つの仕掛けは、いわゆるお祭りはその谷の住民全体に対するご加護であるという建て前で、これはチベット仏教独特のことだと思います。一般に信者が灌頂、ご加護を受けるときは一対一で、グル・リンポチェ（彼になりきっている管長）から個人的に受けます。しかしチベット仏教の場合には、ツエチュというお祭りや法要は、個人個人にご加護を与えるのではなく、村全体にご加護を与えるという意味合いがあり、それをチベット語では「チョムワン」と言います。「チョム」は町、谷、地域、共同体という意味で、チョムに対して与えた「ワン」(加護)であるという理解がされています。ツェチュ祭が行われたということは、そのご加護が谷全体に与えられたという理解になります。

そこからして、このお祭りに直接参列する、しないにかかわらず、その村の住民は全員が、そのご加護を授かったという建て前です。ですからご加護を授かった信者の側からすれば、授けてくださった方へのお礼のようなものが自動的に発生します。その谷の住民である以上、この法要が行われたということは、信者としてお寺にお布施するのが当たり前という相互の理解があります。僧侶側としては、年に一度この法要を行うこと、すなわち悪霊退治の行為を繰り返すことで、村の安寧、安泰を約束していることになります。こうした相互の共通理解が成り立っているのが、現在の仏教国ブータンであり、ニマルン寺を抱えているチュメ谷の二七〇世帯全員の了解があります。ですから、このお祭りは非常に一体感があって、谷という共同体を一つの単位としてまとめるという社会的な役割も果たしています。実際に谷の住民全員が、この日このお寺に集まるかどうかは別として、全員が支えているおかげで、われわれは生活できているという意識を少なくとも現時点では共有しています。お坊さん側にも、信者側にも、全員に、共通の理解があるのが感じられます。

NHKのドキュメンタリー番組『ブータン・極楽の祭――高僧ロポン・ペマラが語る仏の世界』(一九九六年放送)では七〇歳のおばあさんがツェチュ祭の施主となって準備をする様子が放送されました。施主は村人が交代で務めますので、十何年に一度、お祭り当番が回ってくることになります。

私は二〇一四年、二〇一五年にも、このお祭りを見に行っていますが、同番組が放送された二〇年前とほとんど変わっていません。このおばあさんは、当時のお金で換算して中級国家公務員の三年分の給料に相当する額を自分が負担したと言っていました。それでも、むしろ喜んでいました。大きな負担であったことは間違いない事実ですが、それが嫌々ではなく、むしろ楽しみにしており、これが自分の晴れの舞台だというようなことを言っていました。

それは、テレビの取材に対してきれいごとを言っているわけではなく、ふだん私たちが接していても、村の祭り当番に当たる人は、確かに大変だけれども、一生でできるいちばんの大仕事という気持ちで支えているところがあります。このあたりが、現在の日本でのお寺のお祭りや神社での年中行事の当番などとは、かなりな隔たりがあるところです。

娯楽としての、芸術文化遺産としてのツェチュ祭

ツェチュ祭はある種の見せ物で、娯楽的な要素は確実にあります。

一般の多くの人、特に子どもなどにとっては、ツェチュ祭は明らかに遊び、娯楽です。学校はお休みになるし、行けばおもちゃを売っているお店もあるし、楽しめる。NHKの映像の中にも出てきましたが、アツァラという進行役の道化の仕草は本当に面白い。人を一日中、あるいは二日、三日にわたって、朝から晩まで笑わせます。また僧侶によるチャムの合間には、村の娘たちによる踊りもあって、誰もが楽しめます。しかし彼らがはたして、ツェチュ祭の意味をどこまで理解しているかは大いに疑問です。おそらく理解はしていないだろうと思いますが、それは問題ではありません。

しかしツェチュ祭はただそれだけにとどまらず、芸術、舞踊としての文化遺産でもあります。ことにニマルン寺の仮面舞踊、および法要の音楽はブータンの中でも最も優れたものとされています。ブ

図4-3　ツェチュ祭での村の娘たちによる踊り

ータンでユネスコの無形文化財に認定された唯一のものがツェチュ祭に行われるチャムの演目の一つです。いまから一二年前、文化庁が主催して行われた文化庁舞台芸術国際フェスティバル二〇〇五「変貌する神々　アジアの仮面」に選ばれた一つが、このニマルン寺のお坊さんたちのチャムで、東京と沖縄でフェスティバルに参加しました。このことからも舞台芸術としても非常に優れたものであることがわかります。

ニマルン寺の場合はまだ日が浅いのですが、他のお寺などでは、もう数百年の歴史があります。それは一つの民族、あるいは一つの宗教の文化遺産としての意義があるということからすれば、確かに評価はできます。

ブータンには、他にもツェチュ祭は本当にたくさんあります。二〇の県があり、総計したら三〇、四〇、あるいはそれ以上あると思いますが、その中でニマルン寺のツェチュ祭は決して大掛かりなものではありません。大掛かりなものは、パロやティンプーのツェチュで、五日ほどにも及びます。

ツェチュ祭の方便性

ＮＨＫの映像当時のニマルン寺の管長は私の先生だったロポン・ペマラという人で、彼もそれに参加しています。むしろ彼が主宰というか、最も重要な役割を果たしています。

私がブータンに滞在していた頃、ロポン・ペマラは国立図書館の館長、私は顧問というかたちで接していました。一年に一度だけ、こういうお寺の大行事があるときに彼は一週間ほどお寺に戻りましたので、私もよく同行して、見物しました。私自身は仮面舞踊の由来や構成に非常に興味がありましたから、主にテキスト（経典）を読んだりして、仮面舞踊の目的は理解できました。しかし、それをどうして、こんなに大掛かりにお金をかけてする必要があるのか納得がいきませんでした。そんなことをするより、もっと勉強したほうがいいのではないかと一度率直に聞いたことがあります。それに対してロポン・ペマラは、お祭りそのものはべつに本質的なことではないが、かといって悪いことではなく、むしろ一般の人が喜ぶことなので催しているだけだと答えました。

日本でも、特に大乗仏教でよく言われるのは「方便」で、それは本質ではなく、むしろ本質とは離れたことだけれども、結果的に仏教の理解や仏教の促進・推進に資するものであるので重要だという意味付けがなされます。たとえば、直接こういうお祭りには結びつきませんが、「牛に引かれて善光寺参り」など、何か引っ張るもの、方便になるもの、きっかけをつくるものとして、こういうお祭りなどをそれなりに評価する、意義を認めるということがよくあります。

仏教行事としての本来の意味

そうした諸々の意義を認めた上で、一つの疑問が湧いてきます。たとえば、お坊さんにもいろいろな戒律があって、お酒を飲んではだめだといった規定があります。そして、こういう歌舞音曲は禁止されています。それが律、本来の仏教の立場であるのに、これに三日、四日かけることをどう理解したらいいか。チベット仏教では、悪霊退治を繰り返すためといった、これを正当化する仕組みが打ち立てられています。それでも、仏教の中でこういった祭り、見せ物に対して、どういう評価が与えられているのかが問われます。

それに関して、私自身がつい最近訳した本があります。チベット仏教ではなく、スリランカ（かつてのセイロン）の、二〇世紀を代表するワールポラ・ラーフラというお坊さんが書いた『ブッダが説いたこと』（岩波文庫、二〇一六年）です。彼から見て、仏陀の教えはこういうことに集約されるということをまとめた、名著と言ってもいい本です。その中の「仏教徒の生活様式」という箇所に、こういう一節があります。

仏教徒には、これといった決められた儀式はない。仏教は生活様式であり、本質的には八正道を守ることである。もちろんどの仏教国にも、シンプルで美しい儀式がある。寺院には、仏像を安置した伽藍《がらん》があり、仏塔が建立され、菩提樹が植えてあり、そこで信者は礼拝し、花を捧げ、灯明を灯し、お香を焚《た》く。（中略）こうした伝統的な慣習は、本質的なことではないが、知的、精神的に初期段階の人びとの宗教的感情と必要を満足させ、徐々に道を歩む手助けをする意味におい

ては意義がある。（一七二－一七三頁）

彼は、仏教徒にとって本質的なことは八正道を守ることであり、伝統的な慣習は本質的なことではないと言っています。ツェチュ祭のようなものは、彼にとっては「伝統的な慣習」に含まれるものなのでしょう。それでも「シンプルで美しくて」という限りにおいて、初期段階の人々に徐々に道を歩む手助けをする意味においては意義がある、と、限定的、消極的な認め方をしています。これは、いい言い方だなと思います。

私の個人的意見ですが、仏教徒、仏教教団として、これだけの仕掛けを組んで、数日にわたり、これをお坊さんが舞うことに、どれだけの意味があるかとなると、本質的にはそれほど意味が認められないというのが仏教本来の立場だと思います。

私の先生ロポン・ペマラも自分がこういう法要を行っていて、それを否定はせず、それなりの意義を認めています。しかし彼の本心としては、本質的なことではないという意識は確実にあったと思います。それは、言葉の上で聞いたことはありませんが、あることから、確実にそうなんだと思えたことがあります。

日の吉凶

それは、日の吉凶に関してです。仏教、特にチベット仏教では、日のよしあしを占うことが、お坊さんの修養科目の一つとしてあります。私の先生はそれが非常によくできる人でした。私が一九八一年から一九九〇年にかけて国立図書館の顧問をしていたときに、政府や王家から、「こういう事業が予定に入っているが、いつ行ったらよいか」というお伺いがよく来ました。それを占える人はブータンの中でも数人いますが、いちばん信頼されていたのは私の先生の計算・判断でした。「西暦の何月何日から何月何日の間で、こういうことを行うのに最も都合のいい日、最も吉日とされる日を候補に挙げてくれ」と言われて、三つぐらいまで挙げるわけです。

依頼はたいてい英語で来ます。私の先生は英語が一切わかりませんでしたから、誰かがそれを翻訳して先生に伝えて、返事はまた英語で返さないといけません。数年してからこの仲介役を私が担当するようになりました。

日の吉凶の判断には、非常に複雑な計算があり、いろいろな考慮があり、ある面ではきっちりとした根拠があります。私が気が付いたのは、私の先生は計算に基づいて、この日が一番、この日が二番、三番と候補の日にちを挙げますが、政府は一度も推薦された日に従ったことがありません。従わないのになぜ問い合わせてくるのか、不思議でした。

私の先生の返事には、どの日がいい日かだけでなく、時間まで指定がありました。この日の、どういう星の影響下に、ということなのですが、たいていは朝の五時など早い時間でした。ところが政府はほぼ従いませんでした。考えてみれば、たとえば新任の大使が国王に謁見にあがるのに。政府側は朝五時にと言えないのはわかっています。しかしそれは政府の事情であって、ロポン・ペマラの計算には一切考慮にありません。

そういうことが何回も続いたわけですが、あるとき私が不思議に思って、「一番いい、あるいは二番目にいいと言って、いつも推薦されますけれど、政府はまず従いません。政府が従わないのだったら、それだけの苦労をして計算する必要はないのではありませんか。計算する側として、どうお考えなのですか」と聞いたことがあります。

そうしたら彼の返事はこうでした。「暦の上では、この日の、この時間がいいということは確実です。政府が採用したあの時間は、暦の上では決していいことではありません。私だったらそうはしないけれども、向こうは向こうでそれなりの理由があるのでしょう」。

結論的に彼の考えは、「暦の上では日時の吉凶があるにはあるが、それは本質的なことではない。本質は心の持ち方であり、動機や心掛けにおいて清らかであれば、何時にやってもべつにかまわない」ということです。それに対して私が、「べつにかまわないのなら、最初から計算などしなくて、大使として、政府として、きっちりとした心構えを持って自分らが決めた時間にすればいいのでは」と言うと、「心さえよければ、いつやってもいいということにはならない。やはり暦の上の吉凶がある以上、できたらいい日、いい時間にやったほうがいい。ただそれが本質ではない」という答えでした。

伝説に対する第四代国王の考え方

最初に触れたグル・リンポチェの実在性、伝説性に戻りますが、私はこのことに関して第四代国王と何回も話しあったことがあります。第四代国王自身は、もちろんグル・リンポチェに対する信仰はありますけれども、一般の人が信じていることのすべてが歴史的にグル・リンポチェに結びつくかどうかというと、大半は何の根拠もないだろうとはっきり言っています。第四代国王は、自分は若いときから、グル・リンポチェゆかりの場所は極力自分で訪ねて、自分の目で見るようにしてきた。おそらく他の誰よりも、自分がたくさん見ているはずだと言います。だけど、自分がまわれないところもまだ数多くある。グル・リンポチェという人物がいて、チベットでサムエ寺を建てて、その他にもチベット、ブータンの各地に数多くのお寺を建てたと伝えられているが、その内ある程度までは本当だと思えるけれども、一般の民衆の言うように、このお寺もあのお寺もすべてグル・リンポチェが建てたということは、とても信じられない。

それに対して私が、「そういうものは伝説、迷信に過ぎなくて、意味がないとお考えですか」と聞いたら、答えが非常に面白くて、「伝説だから意味がないとは私は思わない。あの森の中にグル・リンポチェゆかりの石があるとか、この湖はグル・リンポチェが清めた湖だからという話は、それが歴史的に本当にあったことなのか、なかったことなのかはわからない。多くはつくり話だと思うが、つくり話にせよ、伝説にせよ、そういう話があるがゆえに、民衆はあの森に手をつけてはならないと思っているし、あの湖は汚してはだめだと思っている。そういう意味においては、史実ではないにしても、伝説には肯定的な面がある。その点を私は評価していて、ことさら否定する意義を認めない」とのことでした。微妙なニュアンスを含めた言い方です。

全体に言えることは、ツェチュ祭にしても、その娯楽性と本質との間に、またグル・リンポチェにしても、その伝説と史実の間に、微妙なバランスがとれていて、調和が保たれているということです。これが、ブータン仏教が生きている現状だと思います。

ツェチュ祭の将来

ブータンは仏教国で、国の宗派はドゥク派です。ドゥク派の僧院は、いってみれば国家予算で維持されていて、ドゥク派のお坊さんたちは国家公務員の待遇を受けています。国の予算が保証されている限り、ツェチュ祭はいまでも一切問題がないし、むしろ年々盛んになっていると思います。

ところがブータンの中には、国の宗派であるドゥク派以外の宗派もあります。多くはニンマ派で、国の援助や歳費は一切受けていません。部分的に、修復等という場合には援助を受けることもありますが、原則としてお布施だけで成り立っています。こういうお寺の場合、ツェチュ祭のような行事には難しい面が現れてきています。

たとえば、人口が減っていく。地方ですと、多くの若い人たちが中央や大都市に出ていって人手がなくなるということもありますし、お寺を支えていた共同体の在り方に変化が見えてきていますから、もうお寺の行事には協力したくないとか、今までのような参加はできないというかたちで辞退したり、規模が小さくなっていっているところもあります。でも現時点では、それはまだ少数派で、なんとか維持できています。たとえば人口は減っても、中には成功して金銭的に余裕がある人がいて、やはり自分の生まれ故郷のお寺に寄付をしたり、というかたちで続いています。

しかしこの先どうなるかは予断を許さない面があると思います。ツェチュ祭がただ単なる見せ物と化して、もうあんなものは見に行かないとか、あんなものはべつに意味がないという風潮になってしまわないとも限りません。また完全に観光化して、ブータン人もそれをただ見に行く、写真を撮りにいく、映像に収めるだけということになってしまう可能性もなきにしもあらずです。その場合、彼らがツェチュ祭やお寺のその他の行事に対して、どこまで肯定的な意見を持ち続けるかはわかりません。

でも現状では、全員とは言わないにせよ、大半の人が、こういうお祭りに意義を認め、喜びを感じていることは確かです。それが外部の者にも感じられるというのが、ブータンが現在でも生きた仏教国であるいちばんの証しだと思います。

第5章 ❖ イエズス会宣教師の見たブータン——仏教とキリスト教

ツェリン・タシ（今枝由郎・熊谷誠慈訳）

はじめに

ご存じのとおり、ブータンは古来より仏教、そして土着のボン教が信仰されてきました。ただ、ブータンにはネパール系住民も多くおり、国民の二〇％くらいはヒンドゥー教徒となっています。インド人の労働者も多くいますし、そもそも、仏教にはヒンドゥー教の神々が護法尊として取り込まれていますので、ブータン人仏教徒にとっても、ヒンドゥー教は親しみのある、いわば親戚のような宗教です。

ブータンは仏教国家であるチベットと、ヒンドゥー教国家であるインドとに囲まれてきましたが、一九世紀頃からイギリスとの関係が生まれるようになりました。過去にはドゥアール戦争などもありましたが、現在では大変仲のよい国です。一九七〇年代の開国以来、多くの西洋諸国と関係を構築し、西洋の文化が流入してきました。キリスト教もその一つです。二〇一〇年の調査では、キリスト教徒の割合はわずか〇・五％ということになっていますが、キリスト教文化に親しみのあるブータン人は非

図5-1　東ブータンのカンルンの子供たちとマッキー神父

常に多くいます。私もその一人なのです。

本題に入る前に、少し自己紹介をさせていただきます。私はブータンという仏教国に生まれ、仏教徒ですけれども、奇妙なことに、教育は隣の国インドのダージリンで、イエズス会系の学校に入り、そこに八年通いました。

ダージリンには、イギリスがインドを植民地支配していた当時からミッション系の学校がいくつかあります。これからお話しするマッキー神父もブータンに着く前は、ダージリンのミッションスクールで教育に従事していました。こうした伝統あるミッションスクールの評価は非常に高く、多くのブータン王族たちもそこで学んできました。

私のクラスにはブータン人が五人いましたが、神父たちは私たちを改宗させようとはせず、私たちブータン人は誰一人としてキリスト教徒にはなりませんでした。私たちは、キリスト教徒の生徒同様に教会に通いましたが、それは朝の授業をサボるのが目的でした。ブータン人のクラスメートの中では聖歌隊に加わった者もいましたし、私自身、とてもいい思い出のいくつかは教会でのものでした。

マッキー神父の略歴

本章では、多くのブータン人にキリスト教との接点を与えてくれた、マッキー神父というカナダ人のイエズス会宣教師に着目し、ブータンにおけるキリスト教の一事例を紹介したいと思います。本章はマッキー神父が晩年になって残したメモ書きを参照して作成したものです。

まず、マッキー神父の略歴を紹介します。神父は一九一五年にカナダで生まれました。一九三二年、一七歳でイエズス会に入会し、一九四五年、三〇歳で聖職者になりました。翌一九四六年、第二次大戦の直後にダージリンに赴き、その地方で一七年間、教育に従事しました。しかし、ダージリンの地方政府と不和になり、一九六三年に国外退去を命じられました。

そのとき当時のブータンの内閣総理大臣がそれを聞きつけて、当時のブータン第三代国王ジグメ・ドルジ・ワンチュック陛下（一九二九－一九七二）に報告したところ、国王から彼を招くようにという命があり、マッキー神父はブータンに赴き、当時の数少ない外国人の一人として、ブータン人たちと親しく交わるようになりました。そして、一九九五年にブータンで亡くなるまでの三二年間を、ブータンの近代高等教育確立のために捧げました。

イエズス会は教育部門での活動が顕著です。たとえば、日本ですと上智大学のような優れた大学も、やはりイエズス会のミッションスクールの一つです。ブータンにおいて、現在までもっとも優れた教育者を一人挙げるとなれば、当然マッキー神父になるということは異論がないと思います。

ブータンで、マッキー神父がどういう点で尊敬、評価されているかというと、次の二つの点だと思います。ブータンの近代教育システムを確立したことが一つ。もう一つは、宣教師でありながらブータン人をキリスト教に改宗させようとしなかったこと。

マッキー神父はブータンでもっとも不便な場所にある寄宿舎に住み、学校の設立に関わっていました。彼は教育に全力を注ぎ、生徒たちと多くの時間を過ごしました。神父は学校で午後に数学を教えていましたが、教えると同時に、生徒たちから人生について多くのことを学んだと言っています。

彼は晩年になって、ブータン国籍を与えられ、その業績に対してブータンの最高栄誉である「龍の心の子息」(Druk Thuksey)というメダルを授かりました。

マッキー神父の生活と瞑想

三二年間に及んだブータン生活を、イエズス会神父であった彼は、どんな思いで過ごしたのでしょう。ほぼ全員が仏教徒であるブータン人生徒たちを、どう見ていたのでしょう。神父は生前こうした事柄にあまり触れませんでしたので、誰にもはっきりとはわかりませんでした。しかし、幸いにも晩年にタイプ打ちされた回想録的な原稿が四章分残っており、そこから神父の思いの一端をうかがい知ることができます。

本章はその原稿に基づいたものですが、この資料そのものは、おそらく未整理、未完のものですから曖昧さも残りますし、もどかしさもあります。それでも仏教とキリスト教という二つの代表的な世界宗教観の出会い、相互理解、あるいは理解ではなく相互誤解という問題は、非常に興味深く、価値のあるものだと思います。

神父は、いくつもの学校の設立に関わった関係上、当然のこととして生徒と生活を共にし、生徒を観察する機会に恵まれました。夜、消灯前に寄宿舎の中をまわるとき、何よりも神父の目に留まったのは、まわりのざわめきも気にせず、ベッドの上に座って祈り、瞑想する生徒たちの姿でした。これに関して神父はこう述べています。

「生徒たちは自らの深奥に入り込み、感覚のレベルよりも、心のレベルよりも深く、存在の本質的レベルに達している」

神父はこの状態を「不動の瞑想」と名付けました。それに関して、「これは欺瞞的な知的アプローチを超えたもので、実体の経験、至高存在との一体性、そして一人一人の唯一性の認識に重点が置かれる」とも述べています。

そして、神父自らの神に対するアプローチとは異なり、生徒たちのアプローチは、より実態に即していると感じていました。生徒たちが持つ、自分の心を静める能力に感心した神父は、自らそれを実践しました。そして、こう言っています。「今では私は毎朝四五分間、静かに座り、私の人生における神の実体を体験できるようになった。ブータンのグルプルどもが私たちに祈り方、瞑想の仕方を教えてくれた」。ここで言う「グルプル」という言葉はヒンディー語で「悪がき」とか「いたずら坊主」を指しますが、神父は決して生徒たちを見下してはおらず、この言葉に愛情を込めています。

こうした生徒たちとの接触の結果、神父の祈り、あるいは瞑想は、彼自身の言葉を借りれば、「ブータン的三位一体」となりました。

「三位一体」ということに関して神父は、こう述べています。「①私は苦しみながら、働きながら、この小さな世界を、より愛情に満ちた場所にできる機会に恵まれている。そんな存在であることにより、

『父』という実体を体験しようと努める」。これが「三位一体」の最初の「父」ですね。

次に、「②私は自らの体をもって、キリストの治癒力、救済力を行使する子」、「三位一体」の二番目の「子」、「子という実体を体験しようと努める」。

最後に、「③私は、この世界が、より愛情に満ちた場所になるように、私のうちに神の愛の炎を灯すことにより、聖霊という実体を体験しようと努める」。

これが神父が言う三位一体的祈りです。

次に、ブータン的祈りに関して神父は「神の三位が私の体内にあるという実態を、論理とか知性によってではなく、静かに誠実に体験すること」、これを神父は「ブータン的」と表現していて、自分の祈りが「ブータン的三位一体になった」と述べています。

今出てきましたけれども、「実態に即した」ということに関して、ブータン人の生活の中の一例を挙げて、次のように述べています。

「これは毎日のささげものに関してですけれども、日々のささげものを行うには、いろいろと大変なことがあります。しかし、生徒の一人が毎日、欠かさず、その当番を引き受けます。サンポルと呼ばれる小さな金属製のカップに、香りのいい葉や小枝を入れて、それをいぶして煙を出し、仏間と部屋を清めます。これがブータンの毎朝の仏に対するささげものですが、これは仏の助けと導きを願うものです」

ブータン仏教とキリスト教との相違

ブータン人の祈りや瞑想に感銘を受け、自らも実践したマッキー神父は、ブータンの宗教が、インドからチベット経由で伝わった仏教、すなわち一般に「ラマ教」と呼ばれるもので、密教的、そして中国的要素が多いことを理解していました。

ブータンの仏教には、キリスト教には存在せず、キリスト教からすれば新鮮であると同時に不可解で、奇異に映る要素も多くあります。それらについてたとえば神父は、「ブータンでは男性器の象徴が至るところに見られる。屋根からつり下げられていたり、家の壁に描かれていたり、さらにはお堂の中にも祭られている」と述べています。

また、儀礼に関しては、「誕生とか結婚という通過儀礼に際しては宗教儀礼はなく、死に際してのみ存在する。すなわち、葬式だけが行われ、非常に特殊な祈りと儀礼が死の当日、火葬の日、そして死後三日目、七日目、一四日目、二一日目、二八日目、さらには、その後にまで行われる」というようなことを述べています。

さらには、ブータンの仏教には、キリスト教に限らず、日本を含めた他の仏教圏の人の目にも奇異に映るものがあります。その最たるものが「ヤプユム（合体尊）」と呼ばれる男女が抱き合った非常に特異な形の仏像です。それについて神父は、「どの寺にも仏像と仏壇があり、どの家の仏壇にもヤブユム像が祭ってある。男尊と女尊が、聖書の中に歌われている若い恋人たちのように結ばれたかたちで座っている」と述べています。

そして神父は、これに対して、「これは二元性と合一性の実践と理解し、人々が日常的に目にする事物を用いて、人間一人一人が、心、体、感情、愛において、至高存在との合一性を体験するということを表現したものだ」と述べています。

さらに教義的な事柄に関しては、キリスト教にはなく、それ故に一般のキリスト教徒にとって理解しにくい、仏教独自の概念がいくつもあります。たとえば「涅槃《ねはん》」という概念がその典型でしょう。西洋では、それは無、虚無と誤解され、長い間、仏教に虚無主義、あるいはニヒリズムというレッテルが貼られるようになったのは、よく知られていることです。

もう一つの「無我」という概念もキリスト教徒には難解な概念です。本当の仏教徒は「我」を取り除き、無我の境地に到達すべく努力しますが、この無我をマッキー神父はキリスト教的立場から、「神の被創造物である存在の無、あるいは平等性」と理解しました。そして聖パウロの「もはや私が生きているのではなく、神が私の中に生きておられる」という言葉を引用しています。

また別のこと、「無我」と共通することに関して、「無」ということですけれども、「私たちの中で完全な無の体験に達することができるのは限られた少数だけである。現在、過去を問わず、聖者は光り輝く聖霊の中に自らの命を見いだす。実体を直接体験したゴータマ・ブッダや他の人たちにとっては、ありのままの光以外に何も存在しない。そして、『神よ、汝のみが存在したまう』とつぶやくよりほかにない」とマッキー神父は述べています。

こうした例からわかるのは、マッキー神父は自らの宗教であるキリスト教にはない、仏教独自の考え方、表現形式に接して、それをむげに否定したり蔑視することなく、それらを柔軟に、キリスト教の教えと抵触しないかたちで、キリスト教の枠内で解釈し受け入れていたということです。

しかし、キリスト教と仏教では、さらに本質的に互いに相いれないと思われるような違いがあります。その最大のものの一つが、「神」という概念です。仏教では、すべての生き物には仏性、すなわち仏たる資質があり、誰でも仏になれると説きます。ところがキリスト教は、神、すなわち至高存在という概念を認め、人間はそれにはなれないという立場を取ります。

ここから生じる問題の一つに、「進化」というテーマがあります。キリスト教では神を万物の創造主とする立場から、当然のこととして進化論は認められていません。かたや仏教は創造という考えにはこだわりませんので、進化論も喜んで論議します。

こうした違いをマッキー神父は、どう受け止めたのでしょうか。そして、それらとどう融和していたのでしょうか。残念ながらマッキー神父の残した原稿からでは、その全容はわかりません。しかし、それをうかがい知るヒントのようなものは原稿のあちこちに見られます。

マッキー神父が信じるキリスト教の神は至高存在であり、偏在し、全知であり、その働きや在り方は人知の及ばないものです。キリスト教徒として神父は、神は創造主であり、救済者であると信じていました。ですから、「神の働きはすべての宗教に及んでいる。神は全人類の創造主であるが故に、全人類の救済者たらんとおぼしめされる」と述べています。

そして、「私は神、父、子、聖霊の三位一体の働きがラマ教の中に実際に本当に現存しているのを目の当たりにすることができる。現にラマ教との接触によって、私の仕事、人生は豊かなものになった。あるいは、ブータン人と共に生き、働き、祈ることによって、私は神が偏在するということを体験することができた」と記しています。

こうした記述からすると、マッキー神父はブータンの仏教をあるがままの姿で、神のおぼしめしにかなったキリスト教の一形態と理解していたのではないかと思われます。その理由は、表現上の違いは別として、キリスト教的基準からしてブータン人を高く評価できたからです。マッキー神父がブータン人を高く評価していたことは、様々な点から明らかです。生徒たちの祈り、瞑想をはじめとしたブータン人の宗教的洞察の深さに感心したことは最初にお話ししたとおりです。

また、イエズス会士として隣人愛の教育を受けていた神父の原稿には、「もし、隣人愛が神の愛の証明であるとすれば、ブータン人は極めて神に近い」という一文があります。さらには、「ブータン人は生命を尊重し、いかなるかたちの命であれ、それを奪うことはもっとも重い罪と考えている」などとも述べています。

キリスト教徒とブータン人との関係性

マッキー神父は至高存在である神と人間、具体的にはブータン人との関係を、どう捉えていたのでしょう。ブータンに限らず仏教徒は、至高存在は広大過ぎて、名前を付けることも、形を描くこともできないと主張します。神父はこの点を認めた上で、「ブータンの絵画では、山の頂に小さなお堂が描かれていて、そこから光が放たれているが、実はお堂自体が光を放つのではなく、光の源は、もっと大きな存在であり、光はそこから、お堂を経由して、発せられているだけである」と解釈しました。

神父はまた、「無限は、いかなる概念によっても掌握され得ない」と述べています。すなわち、「いかなる言葉も、いかなる概念も、不可知なものを表現することはできない。いかなる心も、掌握できないものを掌握することはできない」と。

そして、ブータン人生徒たちに関して、こう述べています。「生徒たちは、自らの有限な心とか固定概念でもって、無限な実体を把握しようとはしない。それは、そもそも不可能である。なぜなら、いかなる言葉も、イメージも、無限の実体を表現することはできないからである」。

しかしながら、マッキー神父は、神という至高存在は人知の及ばないものではあるが、それを映し出すことは可能であると信じていました。そして、「すべての生き物は貴重である。というのは、いかなる命も至高存在という実体の幾分かを、低次元のかたちではあるが、映し出しているからである」と述べています。また、「私は神という無限の実体の幾分かを、自分という小さな有限の存在の上に映し出す機会に恵まれている。これが、私が存在するゆえんである。いかなる生物も、無生物も、人間以上に神の栄光をたたえることはできない。人間はユニークであり、一人として同じ人間はいない。人間は自らの上に、神の存在と実体の広大さ、偏在性を映し出しており、それが人間の栄光である」と述べています。

マッキー神父は誰をも尊敬しましたが、その基盤には、人間は神を映し出す存在であるという考えがあったからかと思われます。神の目からすれば、私たち一人一人は、おのおのが他の誰にもできないユニークな貢献をすることができる存在であり、それ故にいかなる人間も大切なのです。

いずれにせよ、人生の大半をブータン人と共に生きた神父は、「私の人生はブータン人の宗教的洞察により豊かになった」と述べています。

彼は、「ヒマラヤに生きる人たちのおかげで、自分はキリスト教徒として、カトリックとして、イエズス会士として、そして神父として、よりよい人間になることができた」とも、「主に生徒たちを観察することによって、そして、ブータンでの生活経験全般によって、私には仏教に対する洞察が生まれ、自分の人生が豊かになった。そして自らの神、人生が、よりよく理解できるようになった」とも述懐しています。

神父はまた、「私は、私がブータン人に授けたもの以上に、ブータン人から多くのものを授かった」とも述べています。同時に、「私がブータン人との接触により、より豊かになったのと同じように、ブータン人が私との接触により、より豊かになったことを祈っている」と記しています。

マッキー神父は三二年に及んだブータン生活を通じて、一人のブータン人もキリスト教に改宗させませんでした。このことに関しては、「自分は、キリスト教と仏教という二つの信仰を、二つながらに信じたからだ」と言っています。神父が願ったのは、彼自身が、この二つの信仰の橋渡しとなることでした。

マッキー神父の死

晩年になって、マッキー神父は死の準備を始めていました。キリスト教における洗礼は、キリスト教徒になることに不可欠なものですが、その洗礼に関してマッキー神父は、「それは死の体験ではなかろうか」と自問しています。そして、「洗礼における死は私たちを、私たちが生まれいでてきた源である無の中に陥れる。私たちは命から生まれ、生き、そして死によって命に戻っていく」と述べています。

ブータン人生徒には「自分が死んだら、ブータン人と同じように火葬にしてほしい」と言っていました。しかし、神父の訃報を受けてダージリンから駆けつけたイエズス会士たちは、そうはさせませんでした。彼らは「仏教徒にとって、遺体は単なる亡きがらにすぎない。マッキー神父はブータンに生まれ変わり、ブータンにとどまるだろう。私たちが欲しいのは、神父の亡きがらだけである」と説明して遺体を持ち去り、ダージリンに埋葬しました。

このマッキー神父の例に限らず、チベット仏教圏へのキリスト教の宣教は一七世紀前半に開始されました。それ以来、数多くの宣教師たちが世界の屋根、チベットに赴きました。その中で、特筆されるべきは、マッキー神父と同じくイエズス会士であったイッポリト・デシデリでした。彼は一八世紀前半にチベットに赴き、チベット仏教を観察し、チベット語を習得し、チベット語文献を読み、チベット語で著作を残しました。しかし、彼の念頭にあったのは、チベット仏教の根拠を否定し、誤謬を正すことだけでした。一八世紀前半の宣教師としては当然のことだったと言えますが、視野の偏狭さ、価値判断の独断性は否めないでしょう。

こうした源流を思い起こすと、同じくチベット仏教圏に属するブータンで、二〇世紀後半に生きたマッキー神父の特異さが浮かび上がるような気がします。彼はキリスト教徒としては異端とみなされるほど、異宗教に対して寛容であり、包容力のあった人ではないでしょうか。一九九五年に亡くなってから、すでに二二年がたちましたが、神父はいまだにブータン人から慕われています。

マッキー神父の死後も、ブータン人がキリスト教と接する機会は限定的でした。海外渡航歴のあるわずかなブータン人を除き、西洋文化、キリスト教文化に触れたことのあるブータン人はほとんどいませんでした。しかし、一九九九年には海外のテレビ放送やインターネットが解禁となり、この状況は一変しました。ブータンでは一九七〇年代より英語教育が開始され、国民の多くが英語を理解できるようになっていたため、英語圏の情報が大量に流入することになりました。また、最近では欧米に留学するブータン人学生も増えてきています。さらに、二〇〇八年のブータン王国憲法制定により、信教の自由が明文化されたことで、様々な宗教に対する興味が出始めています。このような状況を考えますと、今後ますますキリスト教徒の人数は増えていくのではないかと思います。しかし、これはブータンにとって決してマイナスのことではなく、むしろグローバル社会における多様な価値を理解するために重要なプロセスなのではないかと思います。

第6章 ブータンの工芸品

ラムケサン・チューペル（熊谷誠慈訳）

はじめに

この世のすべてのことについて言えるのでしょうが、必要に迫られて様々なものが進化していくわけです。ものをつくるということのインスピレーションもそこから生まれますし、自分たちのニーズに合ったものがつくり出されます。さらに、時間を経るに従って、人々はより独創的な着想を得て、革新的な製品をつくるようになります。美しいということだけではなく、自分たちの実際の生活に役に立つものが生まれてくるわけです。

本章ではブータンの伝統工芸について紹介しますが、とりわけゾーリク・チュースム（Zorig Chusum）に沿って説明したいと思います。ゾーリク（Zorig）とは「物をつくる技能」を意味しています。チュースム（Chusum）とは「一三」という意味です。すなわちゾーリク・チュースムとは、ブータンの伝統的な一三種類の工芸品あるいは工芸技術という意味になります。

ゾーリク・チュースムは、ブータンの社会や文化において重要な役割を担ってきましたが、その発展史においては、仏教および仏教僧が大きな役割を果たしています。これらの技術は、師から弟子に、また親から子どもへというかたちで、実地指導を通じて何世代にもわたって引き継がれてきました。

工芸品の歴史

ブータンにおいて、このゾーリクと呼ばれる工芸技術は、グル・パドマサンバヴァによって八世紀に確立されました。その後、パジョ・ドゥゴム・シクポ（一三世紀）やロンチェン・ラプジャンパ（一三〇八－一三六四）、ドルジ・リンパ（一三四六－一四〇五）、タントン・ギャルポ（一四－一五世紀）、そしてペマ・リンパ（一四五〇－一五二一）といった宗教家たちが指導的な役割を果たしてきたのです。

そして、いろいろな分野で技術が発達しました。たとえば、金属加工や建設などの技術は、主に僧院などの建設に生かされてきましたが、絵画や織物なども含め、様々な工芸技術が一二世紀から一四世紀にかけて発展しました。これらの技術は、しだいに高度になっていき、何世紀にもわたって受け継がれてきたのです。

その後の進展を見てみますと、一七世紀にブータンを建国し、精神的な指導者として重要な役割を果たしてきたシャプドゥン・ガワン・ナムゲル（一五九四－一六五一）が、工芸家としての力量を発揮し、ブータンのゾーリクの技術や伝統を高めていきました。

さらにそれに続くのが、一六八〇年から一六九四年まで第四代摂政（デシ）となったテンジン・ラプゲです。この第四代摂政のときに伝統工芸がカテゴリー化され、ゾーリク・チュースムが現在のような形として成立しました。

一三種の伝統工芸の技術は、多くの製品を生み出してきました。たとえば、農具やスポーツ用品、武器など。また、家庭や地域、社会で使われている様々な器具、さらには僧院や宮殿などの器具なども生み出されてきました。

さらに、こうした摂政によるブータンの行政的支配も、最後の摂政チョクレ・イェシェ・ネードゥプの時代で終わります。彼の摂政としての在任期間は、一九〇三年から一九〇六年ですが、彼自身、偉大な芸術家かつ彫刻家として、ゾーリク・チュースムをブータン国内で振興し保護したのです。

さらに、その流れはラマ・ソナム・サンポ・リンポチェ（一八九二―一九八二）によって引き継がれました。この人物は仏教の指導者であるとともに、優れたデザイナーでもありました。彼は二〇世紀に大きな貢献をした人物ということになります。

僧院の影響

ブータンの芸術や工芸について考えてみますと、そこには非常に強い僧院の影響が見られます。概して僧院は、都市部ではなく人里離れたところにつくられることが多かったのです。そして僧院は宗教的な生活の本拠地ですが、同時にアートや文化、教育の中心地ともなっていたのです。

ブータンにおいては、様々な学習や教育を行う際に、何らかの宗教的な要素がなければならない。それがなければ教育とは考えられないのです。

全体としては、城塞《ゾン》や僧院などが、ブータンの伝統文化の中で重要な役割を果たしてきました。そこには、様々な芸術作品や工芸品が収められ、今日まで非常に美しいかたちで保存されてきました。

長いあいだ、こうした工芸技術は、正式な教育や研修制度なしに引き継がれてきました。人々の絶え間ない努力や参画、そして質を重視する姿勢によって、伝統工芸技術が培われ、貫かれてきたのです。

近代の伝統工芸

一九九〇年に入るまで、組織立った正式な研修機関は存在していませんでした。そこで、一九九七年六月二日、第四代国王のジクメ・センゲ・ワンチュック陛下（現国王の父上）のもと、最初のゾーリク・チュースム研修機関（Institute for Zorig Chusum）が、東ブータンのタシ・ヤンツェ県に創立されました。また、それまで首都のティンプーにあった唯一の絵画学校も、一九九九年五月一〇日にゾーリク・チュースム研修機関に昇格しました。

ブータン政府がこうした組織的な研修モジュールを作成したのは一九九〇年代後半だったのですが、なかなか困難な事業でもありました。そうした中、第四代国王はタシ・ヤンツェ県の研修機関にも頻繁に訪問され、多くの支援をなさいました。

国王のお言葉がブータンの伝統工芸の大きな指針となっております。

質の保証、時宜にかなった完成、そして完璧さ、これらが工芸家たちの原則となる基本的な姿勢であるべきなのだ。また、質の低いものを高い価格で売り付けたり、あるいは、信頼され得ないようなかたちで作ってはならない。もしそういうことをしたならば、ゾーリク・チュースムの製品が今後、将来長きにわたって発展することはないであろう。

また、ゾーリク・チュースムの研修を行うことで、非常に熱心な努力が繰り広げられました。そのために、工芸家たちから意見や手法を直接聞き出すといった口頭での情報収集も行ってきましたし、国内の学者たちの貢献もありました。

そうした情報や知識の収集のためにワークショップを開いたり、インタビューをしたりして、それらが最終的には結実して、基本的なカリキュラムが形成され、現在の研修のかたちが生まれました。このような研修のモジュールが出来上がった結果として、現在、二つのゾーリク・チュースム研修機関が、様々な研修プログラムを実行し提供しています。それによって、ゾーリク・チュースムの活動も盛んになり、滅びつつあった芸術作品や伝統技術も復興することができました。さらに、技術の高い工芸家の数も増え、質の高い製品も多く生み出され、工芸家たちの生活も経済的に支えられるようになったのです。

ゾーリク・チュースムがブータンにおいて強化、発展することを企図し、二〇〇一年に第七九回国会が開かれた際に、ゾーリク・チュースムの鍵となる要素が規定され、国会がそれを承認しました。たとえば、国会による承認事項の一つに、ゾーリクの神格ペル・ドゥーキ・コルロ（カーラチャクラ）の制定があります。ゾーリクの神を制定したのは、トゥルク・ジクメ・チューダ第七〇代大僧正で、ブータン暦の鉄辰年（西暦二〇〇〇年）の四月一五日のことでした。また、第七〇代大僧正は一二の詩句からなる祈願文も制定しました。さらには、ブータン暦の三月一五日が「ゾーリクの日」（National Zorig

Day）として制定されました。

また、ゾーリクの五つの努力事項も定められています。一つ目は、質（quality）。二つ目は、継続的な学習（continuous learning）。三つ目は、働く人たちの威厳（dignity of labor）。四つ目は、進取の気性（enterprise）。五つ目は、品位（integrity）。この五つが目指すべき事項として定められました。

こうした取り組みの結果、ゾーリクの工芸技術の重要性を人々が理解するようになり、二つのゾーリク・チュースム研修機関が生まれ、育っていったのです。それをつかさどっていたのは、当時の国立技術研修機構（NTTA）と呼ばれる機構です。それは、前の大臣、サンゲー・ニェードゥプが一九九九年から率いてきた機構でしたが、二〇〇三年には労働・人的資源省に統合されています。

工芸家の育成

ブータンのゾーリクについて言えることは、伝統的に仏教の影響が強いということです。そうした影響は、城塞や僧院の建築などに顕著に見られます。それらの場所に行きますと、非常に緻密な工芸品や芸術品がたくさん保存されています。工芸家たちは、昔ながらの古い指針を注意深く守っていますので、技術的な点から、古い製品と新しい製品とを見分けることは困難でしょう。

しかしながら、ブータンでも近代化が進み、伝統的な技術が脅かされるようになってきました。さらにまた、安い海外の製品の流入により、国内で生産される手工芸品が輸入品に取って代わられるようになりました。

もう一つ重要なのは、ブータンの若い人たちです。自分たちのキャリアパスを追求し、今までとは違ったものを求めるようになってきました。ブータン国内の伝統技術を受け継ぐというよりも新しいものを求める。そして、伝統的なものに対して、陳腐で古く、技術の習得にも時間がかかり、とくに金銭的なメリットもないものだと考える若者も出始めています。

そうした中、国の豊かな工芸の伝統を守り、育てなければならないといった意識からブータン王室が動き出しました。また、国王や王室の指導のもと、政府による様々な施策が打ち出されました。ゾーリクそのものをとくに保護したのはツェリン・ヤンドン・ワンチュック皇太后（現国王の母上）です。その後、様々な展覧会やコンテストが開催されるようになりました。

一三種の伝統工芸

さて、伝統的あるいは歴史的に考えても、ブータンの芸術と西欧の芸術には直接的な接触点はなかったのですが、興味深いことに、いくつかの類似点が確認されるのも事実です。たとえば、ローマ帝国時代のフレスコ画やギリシャの彫刻などと似通った要素も確認されます。他方で、工芸家が自らのサインを作品に入れないといった点は、西洋の伝統とは少し異なります。

以下、ゾーリク・チュースムを個々に見ていきたいと思います。ゾーリク・チュースムとは、①書道、②絵画、③彫刻、④織物、⑤木彫、⑥製紙、⑦木製細工品、⑧刺繍、⑨金細工・銀細工、⑩青銅鋳造品、⑪竹細工、⑫鍛冶、⑬石細工や石像品という計一三種の伝統工芸のことです。

①書道（イクゾー）

まず、ゾーリクの一番目は書道です（図6-1）。日本と同様、ブータンにも書道があります。実は、書道そのものも忘れかけられた時代がありました。近年、コンピューターが登場し、人々が自分で文字を書く機会が激減したことも、書道の衰退の一因となっています。

②絵画（ラゾー）

二番目は絵画です（図6-2）。ブータンを訪れたことのある方ならば誰でもおわかりになると思いますが、ブータンでは仏画や宗教画がいたるところに掲げられています。多くの絵師たちが優れた作品を作ってきました。

③彫刻（ジムゾー）

三番目は彫刻です（図6-3・4）。ブータンには多くの彫刻作品が存在しています。また、土器づくりも盛んです。とくに、東ブータンに行きますと、すべての女性たちが土器を焼いて、ポットとして自分たちの家庭で使っています。そうしたものを購入することもできます。これは、地元に深く根付

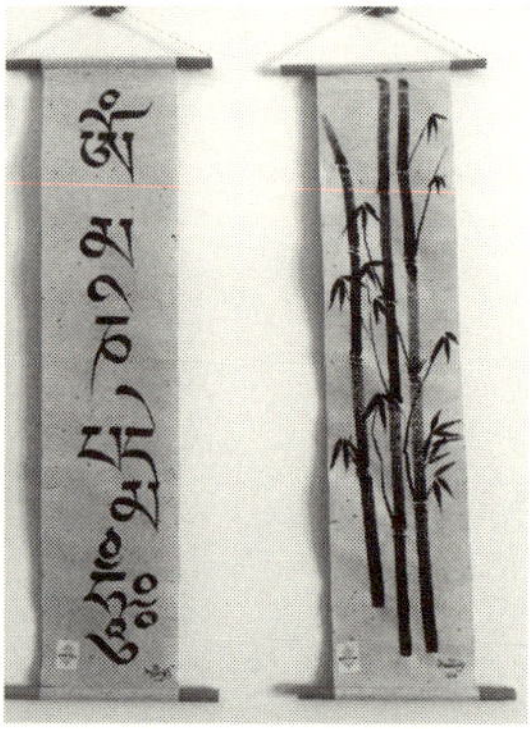

図6-1　（左）六字真言（右）竹の絵

図6-2　仏画を描く絵師

いた技術ということでありまして、他の地域には移転しにくいように思います。

④織物（タクゾー）

様々な工芸や芸術がある中、その技術度の高さが際立っているのは織物でしょう（図6-5）。ブータンの織物製品の質は、国際的な標準に十分に迫っているものと思われます。環境の改善も重要です。若者たちにそっぽを向かれないよう、織機や設備などの改善努力も行っています（図6-6）。

⑤木彫（パタゾー／シャゾー）

木彫とは、木に様々な彫刻

図6-3　彫刻の作成風景

図6-5　様々な織物製品

図6-4　土器を作成する女性

図6-6　機織りの作業現場

を施すということですが、日本の技術は非常に高いですね。東ブータンは、とくに木彫が盛んであり、様々な木製工芸品が作られています（図6-7・8）。

⑥製紙・香料（デゾー／プーゾー）

ハンドメイドの製紙、そして、香料も重要です（図6-9〜11）。ＡＰＩＣ（後述）では二つの香料生産場を育ててきました。

図6-7　木彫の作品

図6-8　木彫の作業現場

図6-9　紙すきの作業現場

図6-10　ハンドメイドの紙製品

図6-11　竹筒入りの香料

⑦木製細工品（シンゾー）

ブータンの家具はたいがい木製です（図6-12）。家もほとんどが木造です（図6-13）。木製家具や木造建築の技術も重要視されています。

⑧刺繍（ツェムゾー）

刺繍もハンドメイドばかりで、機械で刺繍を施すということはありません（図6-14）。刺繍にも様々な作品がありますが、たとえば伝統的なブーツにも刺繍が施されています（図6-15）。一九九〇年代には、伝統的な刺繍技術が途絶えようとしていました。そこで、刺繍技術をもつ人たちをゾーリク・チユースム研修機関に専門家として招聘し、若者たちに技術を伝えてもらった結果、刺繍の伝統が残り、技術も向上しました。

図6-12　木製の仏壇

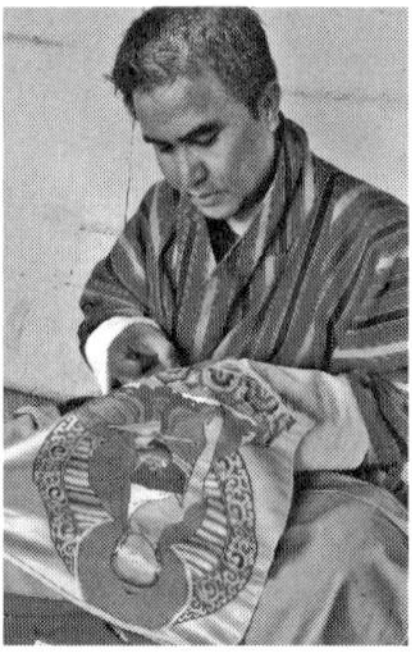
図6-14　刺繍の作業現場

図6-13　建築中の木造家屋

図6-15　男性用ブーツ

⑨金細工・銀細工（トゥーゾー）

ブータンの寺院を訪れると、多くの金細工、銀細工の宗教儀礼用品が眼に入ります。以前は、地域のお寺などで僧侶や職人たちが独自に製作していましたが、APICが各地域の職人たちを集め、技術指導をした結果、さらに優れた作品が作られるようになりました（図6－16・17）。

⑩青銅鋳造品（ルクゾー）

寺院や宮廷などの儀式に使われる器具には、青銅製のものも多くあります（図6－18・19）。宗教用楽器にも青銅は使われますし、台所用品にも使われています。

図6-16　純金製の観音菩薩像

図6-17　銀製の水差し

図6-18　宗教用ホルン

図6-19　銅製のマニ車

⑪竹細工（ツァゾー）

竹細工はブータンにおいてはたいへん重要で、農村部では今でも作られ使われています（図6-20）。APICでは、農村部で女性たちが集まって竹籠を編むための共同作業場を作りました（図6-21）。それまでは、各家庭で我流で作られていましたが、いっしょに作業を行うことで技術の向上にもつながりました。

⑫鍛冶（ガルゾー）

伝統的な鍛冶の技術は現代のブータンではだんだん減ってきていますが、ブータン文化においてはたいへん重要です（図6-22～24）。

図6-22　刀

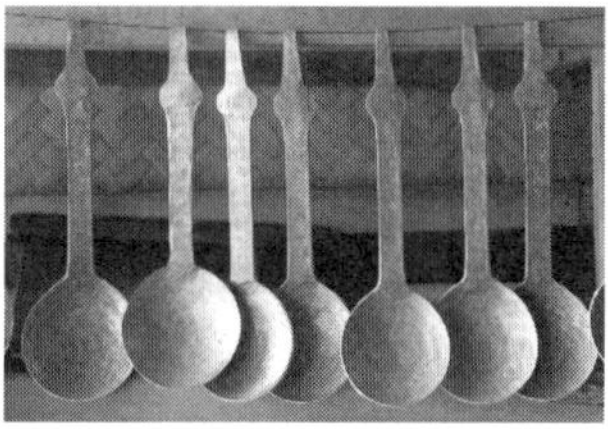

図6-23　お玉

図6-20　竹製の入れ物

図6-24　鍛冶の作業現場

図6-21　竹製品の共同作業場

⑬石細工（ダゾー）

石細工もブータンにおいては重要な伝統技術です。家屋建築にも使われます（図6-25）。

工芸品振興事業団（APIC）について

ここで工芸品振興事業団（APIC: Agency for Promotion of Indigenous Crafts）について少し紹介したいと思います。

現国王のご結婚をお祝いするということで、二〇一一年七月に生まれた工芸品振興事業団ですが、文化、伝統技術の保存といった点で重要な役割を果たしています。とくに、力強く、経済的で、持続可能な、質の高い工芸品、そしてその産業の育成に力を入れています。世界にも通用する製品を売り出すことによって、工芸家たちの生活の質の向上も目指しています。

また、工芸品振興事業団には四つの部門があります。

1　イノベーションを目指す、デザイン部門

2　製品の流通、工場直売を促進する部門

3　市場調査や販売促進を行う部門

図6-25　家屋にも多くの石が使われる

4　財務部門

とくに1、2、3の部門が具体的な活動の最前線ということになります。なお、暫定的なものではありますが、マーケティング活動として、首都のティンプーに、われわれが作った市場があります。そして、それを優れたクラフトビレッジ（工芸品村）にしようとする計画が現在進行中です。

APICのパンフレットやカタログ

ＡＰＩＣでは、伝統的な竹細工を形取った小さなパンフレットを配布しており、われわれの事業を概観することができます。

われわれが重点を置いている活動の一つは、目録作成です。今まで様々な伝統工芸技術があったにもかかわらず、その記録がありませんでした。良い製品についても、悪い製品についても記録がまったくなかったのです。そこで、二〇一一年のＡＰＩＣ創設後に、われわれがまず手掛けたのは簡素な目録作りでした。

最初に作ったのは竹細工の目録でした。次に、木彫細工、漆の技術などを紹介する目録がつくられました。また、金細工、銀細工、金属細工の目録も作成しており、新しい製品も古い製品も収集していま

図6-26　APICのパンフレット（上は表紙）

す。また、織物関係の目録もあります。ブータンにおいては、女性たちは、東ブータンでも南ブータンでも、機織りに勤しんでいます。それらの情報をこの目録で紹介しています。絵画の目録は先月出版されたばかりです。

こうして、現在までに五冊の目録が作成されています。現在の目録には基本的な情報しか含まれていませんので、将来的には、すべての情報を統合した包括的かつ詳細な目録を作成したいと思っています。それを読めば、サイズや、色、重量、寸法、すべてをつかめるようにしたいと考えています。

一村一品運動

われわれがとくに力を入れているのは香料で、様々な調合法を試みてきました。また、竹筒に入れて販売している香料もあります。実は、こうしたコンセプト自体は日本発のものなのです。

ＯＶＯＰ（One Village One Product）と呼ばれる一村一品運動は日本の大分県で始まりました。このコンセプトは、その後にタイで採用され、ＯＴＯＰ（One Town One Product）という名で、タイ全国に広がり奨励されました。以前に私が大分県を訪れた際に、一村一品の研修を見学しました。

昨年ですが、日本のＯＶＯＰとタイのＯＴＯＰといった一村一品の運動が、ブータンにも紹介され導入されました。われわれはそれをＯＧＯＰ（One Gewog One Product）と呼んでいます。ゲオク（Gewog）は郡に相当する言葉です。

こうして、われわれは製品のみならず包装も魅力的にし、より広く市場に進出できることを目指してきました。それに携わる工芸家たちも誇りを持って仕事をすることができますし、彼らの生活の支援にもなると考えています。

トゥンパプンシ

ブータンは仏教国で、どの家に行っても必ず仏壇があります。そして、その中には仏像が安置されていて、人々は早朝からその前に立って祈りをささげます。七回手を打って、七つの容器に入った水をその仏壇にささげます。また、「聖なる日」という特別な仏教の日も定められており、その日には仏教の聖典を、仏壇の前で読むことになっています。このようなかたちで、ブータンの人々は、自分たちの日常の中で、宗教的な活動を行っています。農村においても、貧しい人たちにおいても、それは変わりません。シンプルな仏壇であっても、その前で人々は祈りをささげるという習慣が守られています。

ブータンのお寺を訪れると様々な壁画が見られますが、それらの中で、トゥンパプンシ（Four best friends）という絵を最後に紹介したいと思います。ゾウ、サル、ウサギ、鳥の四匹の動物の絵なのですが、その動物たちに関する短いお話があります。

昔々、インドのある場所に、高い大きな木が生えていたのですが、その木のもとに四匹の動物が集まりました。

まず、ゾウが「私がこの木を見つけたんだよ。私の高さに木が成長したときに見たんだから」と言いました。すると、サルは「いやいや、それは違いますよ。私は、木が私の背の高さになったときに、もうこの木のことを見つけていました」。今度はウサギが「いやいや、それも違いますよ。この木が私

図6-27　プナカゾンに描かれたトゥンパプンシ

の背の高さになったときに、もう私はこの木のことを知っていましたから」と言ったのです。そうすると、鳥が「いや、それは違いますよ。私は、この木がまだ種子の段階でもう知っていましたから」。つまり、種子が運ばれている、空中を漂っている段階で、もう鳥は見ていたということであります。

　こうして、木（＝あるいはその種子）を発見した順に、平和的に位置関係が決まりました。いちばん上に鳥、その下にウサギ、サル、そしていちばん下にゾウが位置するという上下構造になっています。これが四匹の友情的調和を意味しているのです。

　私は、人間の社会にもこの考えを適用すべきだと考えています。協力の精神、あるいは友愛の心、また、お互いを理解し尊敬しあう気持ち、それがあって初めて円滑な人間関係、社会運営が可能となるということで、この四匹の動物たちの絵はシンボルとして、どこの家でも、そして学校でも、会社でも、公的な機関でも飾られています。皆、互いに友人であり、友愛の気持ちを持つべきであるということの象徴として飾られているのです。

第Ⅲ部

ブータンの社会

マニ車を回す女性たち

第7章 ✣ 輪廻のコスモロジーとブータンの新しい世代

西平　直

1　最初の出逢い

ブータンはある時期から「幸せ」をキーワードにして有名になりました。あるいは、「GNH（国民総幸福）」というキャッチフレーズが知られるようになりました。

ところが私は最初からそれらの言葉に馴染むことができませんでした。むしろ本当のところあちらの人たちはどう感じているか、とりわけ若い人たちはどうなのか、話を聴いてみたいと思ったのです。そして二〇〇九年以来、何度か訪問することになりました。

現在のブータン社会は急激に変化しつつあります。若い世代も大きく変化しています。ところが何度か訪ねてみると、変化しているのは表面だけであるように感じることも多いのです。表面的な変化とは別に、深い伝統はそう簡単には変化しないのかもしれません。[1]

明治の日本――ブータンの近代化

　ブータンを訪ねるたびに、私は、明治の日本を思います。開国ということ、近代化ということ、西洋の文化を受け入れ国際社会の荒波に船出してゆくということ。現代ブータンは急激な近代化の最中です。明治日本の変化よりも数倍のスピードで急激に変化しています。学生たちに語るときには、「明治維新」と「高度経済成長」と「ＩＴ革命」が同時に進行している状態を想像してもらうようにしています。

　ところが、明治の日本と比べてみるとき、ブータンの近代化は、伝統に対する姿勢が違うのです。伝統を廃止して近代化するのではなくて、伝統を守りながら新しい文化を受け入れるという方針（むろん実際には困難が多いのですが）。現代ブータンは国を挙げてともかくそうした実験に挑戦しているのです。[2]

　その典型が伝統衣装（「ゴ（男性衣装）」と「キラ（女性衣装）」）です。ブータンでは学校の先生も生徒も、お役人もガイドさんもホテルのフロントも、すべて伝統衣装を着ています（着用が義務付けられています）。明治の日本は洋装に切り替えました。伝統的な和服から徐々に洋服に切り替え、さらには生活習慣や社会的しきたりも、伝統的なものは「古い」と捨てられました。それと対照的にブータンでは伝統を残した、というより、伝統に誇りを持っているのです。私は「矜持」という言葉を何度も思い出しました。

　マナーの問題で言えば、こういうことです。明治の日本でも「マナー」についてしばしば議論されたのですが、その内容は、決まって西洋の優れたマナーに対して日本人のマナーがいかに劣っているかという話でした。つまり自分たちがいかに遅れているか。早く西洋に近づくべきであるという議論

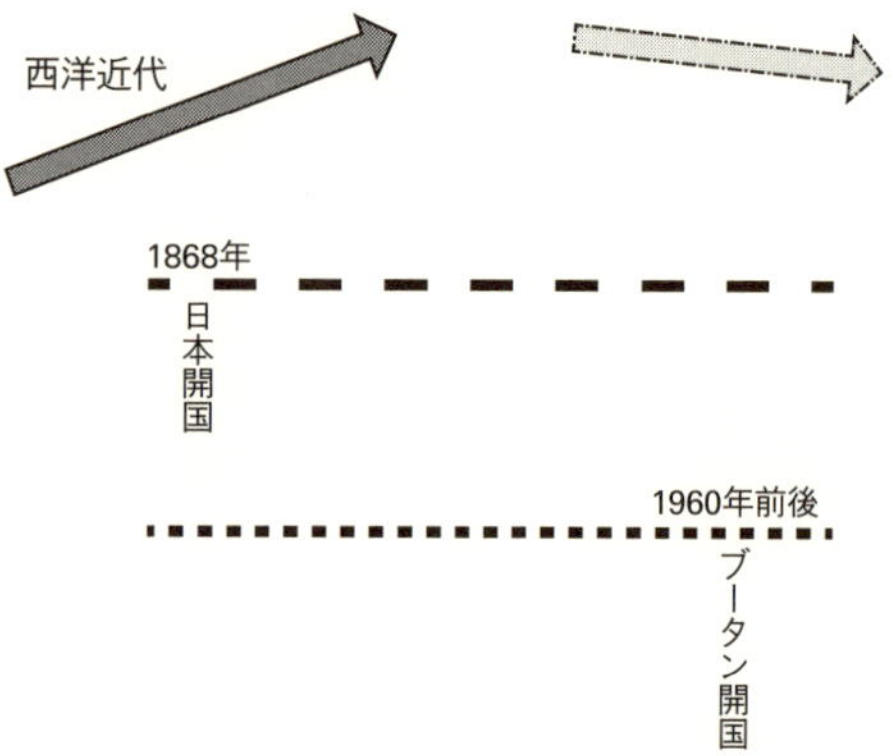

図7-1　日本開国の時期とブータン開国の時期の違い

だったのです。それと比べて、ブータンでは、そういう話を聞きません。ブータンは遅れているから早く西洋に追いつくべきであるとは語られない。むしろ伝統的なマナーやエチケットを守ろうとする。あるいは、そうした伝統を新たに「ディグラムナムチャ」というマナーの教則本として整理し、子どもたちに教え、大切に守ろうとしている。[3] つまり伝統的な価値に誇りを持っているのです。

その感覚の違いを学生たちに理解してもらおうと、へたな図を描きました（図7-1・2）。

日本の開国とブータンの開国には百年の開きがあります。日本が開国した時期、西洋列強は輝いていました。技術も文化も進んでおり、まして軍事的には圧倒的に強かった。ですから欧米列強の植民地にならないために、近代化を急ぐ必要があり、「追いつけ追い越せ」と欧米文化を摂取したわけです。ところが百年の後、ブータンが開国した時代には、欧米諸国の輝きは失せていました。むしろ「西洋近代の行き詰まり」を世界中の人たちが感じていました。いわば、近代社会のなれの果ての中でブータンは国を開いたことになるわけです。

そこで、同じ「遅れ」でも意味が違ってきます。ブータンの場合は、あたかも周回遅れのように、「よく保存しておいてくれた」となりました。近代社会に代わる新たな生き方を提示するモデルとして、

「遅れている」のではなく、「よく保存しておいてくれた・よく取っておいてくれた・よく変わらないでいてくれた」。そうした欧米の人たちの視線の中にブータンは国を開いたわけです。

近代国家ブータンはそうした視線を上手に使いこなしました。単に遅れた貧しい国ではない、西洋近代とは異なるオルタナティブを持った国。そのメッセージを「GNH（生産量より幸福量）」というキャッチフレーズとして国際社会に発信したわけです。みごとな「アイデンティティ戦略」でした。そして実際ブータンの若い人たちも、しばしばこうした理念を語ります。ブータンは小さい国だけど深い伝統がある、ユニークな文化を持っている、とてもすばらしい国だ。

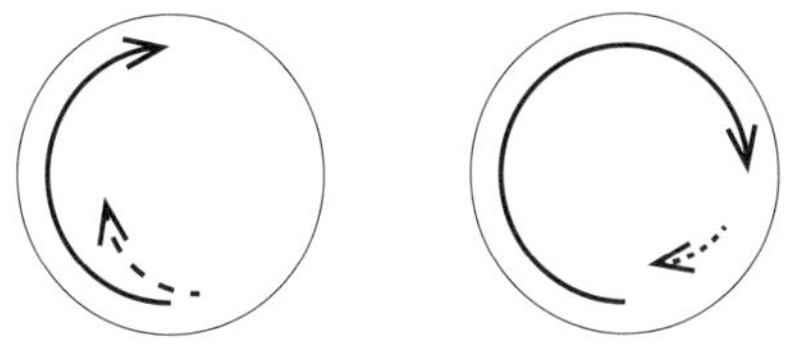
遅れているのではなく、
よく保存しておいてくれた
日本が開国したとき
ブータンが開国したとき
図7-2　「周回遅れ」

確かに一面において賛成なのですが、しかし彼らはどこまで世界の事情がわかった上でそう語るのか。たとえば、彼らがブータンから飛行機でバンコクに降り立ち、その空港の巨大さに驚くとき、あるいは、そのシステマティックに整えられた設備に感嘆するとき、ブータンは「まだ遅れている」と感じることはないのか。まして米国や日本の生活水準に触れるとき、ブータンは「まだ貧しい」と感じることはないのか。

実は、若い人たちに質問をしたことがあります。もし将来アメリカに留学し向こうで職を得ることができたら、そのままアメリカで暮らすか、それでもブータンに帰ってくるか。高校生たちはみな、「帰ってくる」と声をそろえるのです。

彼らはまだ快適な暮らしを知らないから、そう返事しているのでしょうか。実際に便利な暮らしに慣れたら簡単には帰ってこないのか。いやそんなことはない、彼らは心からブータンをすばらしいと思い、ブータンのために働きたいと思っている。経済的な豊かさなどには惑わされない、「生産量より幸福量」、その価値観が揺らぐことはないのか。

そうした問題をていねいに聴いてみたいと思ったのです。

言語文化学院

二〇〇九年以来、私は、調査チームの一員として、毎年ブータンを訪問し、数多くの大学や高校を訪ねるようになりました（二年目には名門シェラブツェ大学も訪ねました[4]）。

三年目からは定点観測の必要を感じ、「言語文化学院（Institute of Language and Culture Studies）」というカレッジを選びました。ブータン王国のほぼ真ん中（トンサ県）に位置する大学です。この大学は「ブータン大学」のひとつのカレッジですが、伝統文化の継承発展を中心的な課題としています。たとえば、有名なシェラブツェ大学が近代国家の官僚養成を主たる任務としているとすれば、この言語文化学院は伝統文化に重点を置いています。しかし僧院教育ではありません。僧院教育が僧侶になる道であるのに対して、仏教を習うけれども、その教えを僧院の外で、つまり現代社会に応用することを目指しているわけです。

つまり、一方に西洋文化や新しい技術を学ぶメーンストリームがあり、他方に伝統的権威としての僧院教育があり、その両者をつなぎ止める位置にこのカレッジが位置するわけです。伝統的価値を現代社会に生かそうとする理念が、とても興味深く思われました。[5]

私たちが最初に訪問したとき（二〇一一年）、この大学は移転したばかり、というより、まだ建築中でした。昼食は炊き出しをして、学生たちは自分のカップとお皿を持ってきて食べていました（図7-4）。

時には授業を外で行うこともあると聞いて、私が参加させてもらったのは「アストロロジー」という授業でした（図7-5）。「アストロロジー」は単なる「占星術」ではなくて、むしろ「総合的な占考学・易学」と理解したほうがよさそうです。たとえば、五行説や十二支、誕生月などの組み合わせを総合的に学んでいました。どうやら、ブータン歴によって吉兆を見定めることが主な課題であるようです。なお、ブータン社会における「アストロロジャー」の役割はかなりていねいに見ないと理解を誤ります。決して「怪しい占い師」ではありません。伝統的には共同体の中で極めて重要な役割を担っていましたし、現在でもとくに農村部では大きな意味を担っているようです。

図7-3　言語文化学院の朝礼風景（月曜朝）　男子学生は「カムニ」で正装

図7-6は授業のノート、十二支です。左手の中指のいちばん下を（ネズミ）として、人差し指に移って、子・丑・寅・卯・辰・巳・午・未・申・酉・戌・亥。学生たちが占いの相談に来るのかと聞いたら、そういうこ

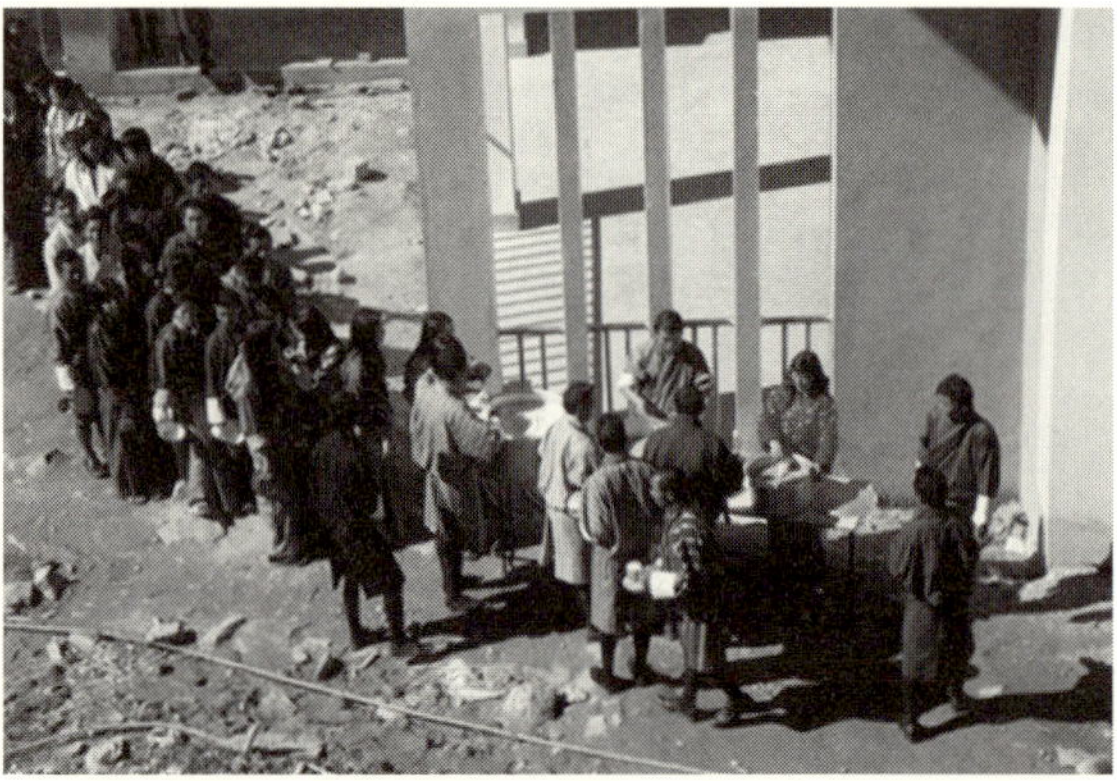

図7-4　移転直後のため昼食は戸外

とはなくて、あくまで理論的な継承に務めているということでした。

院長のルンテン・ギャツォ（Lungtaen Gyatso）先生の話も印象的でした（図7-7）。話は多岐にわたったのですが、たとえば、その一つ、bilingually confidentというポリシーのことを話してくださいました。単にゾンカ語と英語のバイリンガルではありません。そうではなくて、伝統文化を英語によって世界に発信してゆく、ということは、伝統と現代社会とのバイリンガルなのです。単に伝統を守るのではない、むしろ、伝統の知恵を現代社会における新たな指針として示してゆく。それによって、文化的アイデンティティをリニューアルすることがこの大学の使命であるというのです。

院長は盛んに「文化的アイデンティティ」を強調し、そのためにはゾンカ語が重要であると言います。しかもその文脈で、真顔になって、"Survival is our identity."と語りました。ブータンが生き残ること、それが切実な課題である。地図を見ると一目瞭然、北には巨大な中国があり、南には巨大なインドがあり、そのどちらにも吸収されてしまわないためには、本気になってサバイバルする。杞憂の憂いではない、切実に生き残ることが課題となっているというのです。[6]

私たちはその翌年もこの学院を訪ね、学生たちにインタビューを試みました。それはそれで貴重な経験だったのですが、話を聴いているうちに、私は少しばかり「物足りなさ」を感じ始めました。「物足りない」などと言ったら失礼なのですが、この学院の学生たちの話が「真面目」すぎるように感じたのです。ブータンのために働きたい、伝統的な志向を現代社会に生かしたい。みんな院長のミニチュア版に聞こえるのです。話には共感するのですが、しかし私が知りたいのは、少し別な「方向」ではないか。ブータンの新しい世代が感じ始めていること。そのためには都市の若者から話を聞いたほうがよいのではないかと考え始めたのです。

図7-5　「アストロロジー」の授業

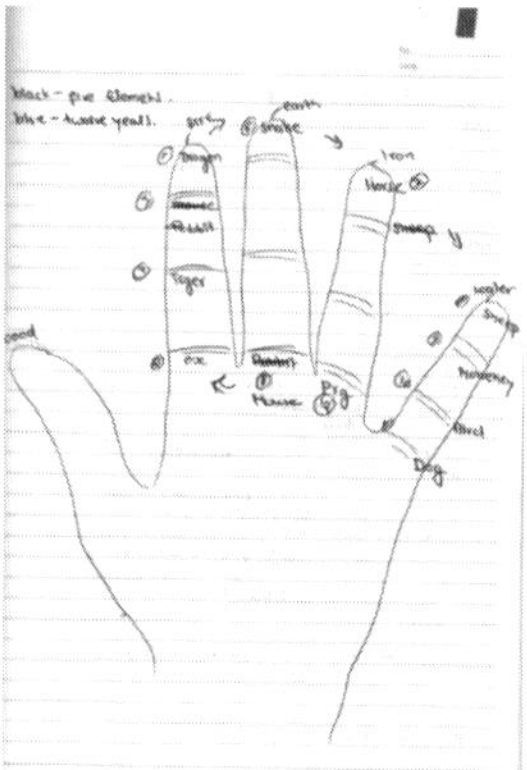

図7-6　授業のノート

　しかし「都市の若者たち」という言葉には注意が必要でした。都会の乱れた若者たちが話題になっていたためです。経済の過熱に乗じて都市に移ってきた若者たちが、職がなく、結局ドラッグや犯罪に巻き込まれてゆく。そうした一面が、おそらく「幸せの国ブータン」への反動として、少し大げさ

図7-7　言語文化学院長ルンテン・ギャツォ氏（2011年11月22日）

に語られ始めていたのです。私はそうした若者たちから話を聴きたいわけではありません。つまり、単に「真面目」な学生でもなく、しかしドロップアウトした都会の若者でもない、何らか「ブータンの新しい世代」を予感させてくれるような若者を求めていたのです。

しかしどこに行けばそうした若者に会えるのか、誰から紹介してもらうことができるのか、まるであてのないまま、ほとんどあきらめかけていた私に、偶然が働きました。私はひとりの青年と出会うことになったのです。

2　一人の青年を通して見るブータン社会

二〇一一年、第五代国王夫婦が日本を訪ねたこともあり、日本でも一躍ブータンが有名になりました。新聞も盛んに話題にしましたが、その一つにこんな記事がありました。「ブータンにデパート、幸せ感に揺らぎ」。ちょうどその翌月がブータン調査でしたから、このデパートを訪ねてみることにしました。

デパートと呼ぶには小さなビルですが、それでもブータンで初めて「エスカレーター」を備えた立派なテナントビルでした（図7-8）。中を歩いていると目新しい「楽器ショップ」があり、入ってみると長い髪をうしろで縛った青年がいました。親しく感じて話を始め、自己紹介すると、私たちの研究に関心を持ってくれて、協力してくれると言います。そして一人の友人を紹介したいというのです。私は藁をもつかむ思いで、ぜひお願いしたいと申し出ました。そして紹介されたのが、サニー・トブゲイという若者だったのです。

起業家にしてロックミュージシャン

ホテルで待ち合わせた私の前に現われたのは、長い髪をうしろで縛り、革ジャンにジーンズ姿の若者でした（図7-9）。私は少し動揺しました。どういう人物なのか、まったく予想がつかなかったのです。ところが、約二時間、話を聴かせてもらうと、「アントレプレナー（起業家）」にして「ロック音楽のミュージシャン」であるこの青年は、実に魅力的な人物でした。

名門シェラブツェ大学の英語科を卒業したエリート青年でしたが、「公務員（エリートコース）」に進まず、雑誌記者など仕事を転々とし、二年前にブータン初の「クリーンエイジェンシー」を立ち上げました。さしあたり「清掃会社」と理解しておきますが、その設立理念が振るっていました。

まず、清潔で健康な暮らしを大切にする。彼は言います。「貧

図7-8　ブータン初のデパート（ティンプー市内）

しいけれども幸せだという言い方は可能かもしれない。しかし衛生的ではないけど幸せだという言い方はできない、自分は認めない。衛生的であること、清潔であること、健康であること、それは幸せのための必要条件である」。

第二に、このクリーンエイジェンシーで働く人は清掃夫ではない。「公衆衛生の専門家（サニタリー・エキスパート）である」。若者たちに職を提供して自信と誇りを取り戻させたい。そのためにこの会社をつくったのである。

第三に、そのために「ユニフォーム」を用意した。この点は、日本では当たり前に聞こえるのですが、ブータン社会の中では極めて特異なことです。ドレスコードが固定し、仕事をする場

図7-9　サニー・トブゲイ（当時29歳、2012年9月26日）

合は伝統衣装（ゴやキラ）の着用が義務付けられ、逆に、それ以外はジーンズやTシャツのラフな姿になってしまう社会において、伝統衣装でもないがラフな姿でもない、新しい「ユニフォーム」を用意する。しかも「清掃」という社会的に低く見られていた仕事に対して、独自のユニフォームを用意することによって誇りを持たせようとする。掃除のために働くことは恥ずかしいことではない。新しい誇りを示したいと言うのです。

日本に戻ってインターネットで調べていたら立派な「ホームページ」が出てきました（図7-10）。新しい器具を揃え、ビルの掃除などを請け負うというわけです。

ところで、彼らの会社は「M&C」、モップ&コンドームというのは奇妙ですが、実は彼の初発の問題意識はエイズなのです。[7]インターネットで調べていると、彼は一九歳のとき、ネパールで開かれたエイズの国際会議に参加して大きな刺激を受け、エイズ撲滅のために働く決心をした。その問題意識の延長上に、モップとコンドーム、つまりどちらも人々の暮らしを「衛生的」にするための取り組みを展開したわけです。自分にできることから、身の丈に合うサイズで実行する。「ローデン・ファンデーションLoden Foundation」から資金を得て起業しました。現代のブータン社会、とりわけ首都ティンプーにおいて、失業問題とごみ問題は、もっとも急を要する切実な課題ですから、サニーの試みは人々にも理解されるのではないかと思いました。

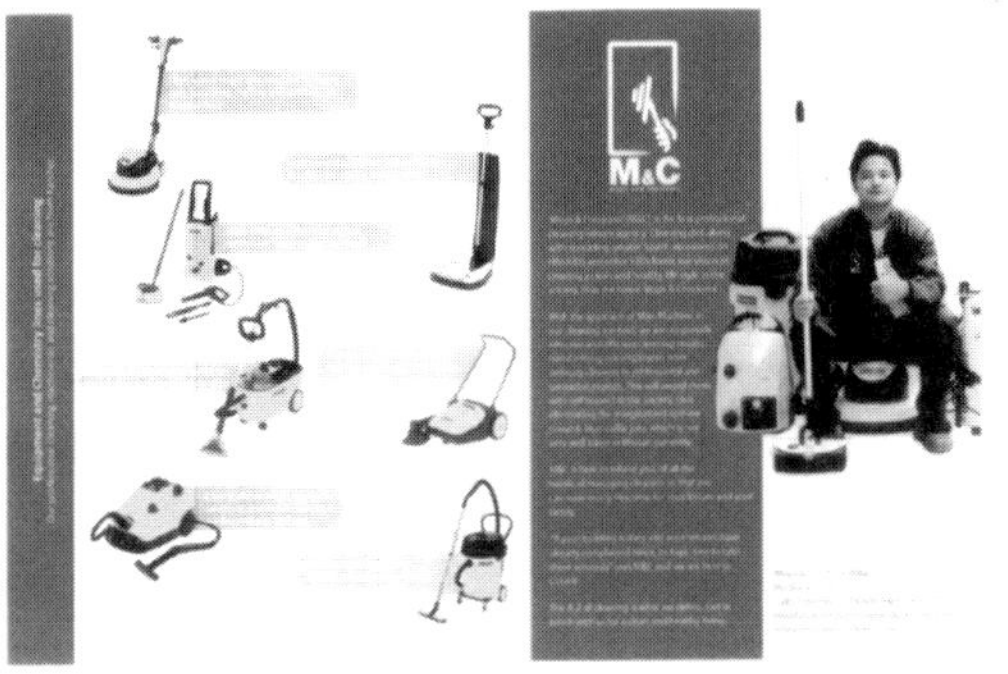

図7-10　ブータン初のクリーンエイジェンシーの「ホームページ」

働く女性たち

翌年、あらためて、サニーを訪ねました。正直に言えば、実際に働いている人たちを見ないことには、サニーの話をどこまで信用してよいのか、確信が持てなかったのです。

働いている人たちから話を聴いてみたいという申し出に、彼は喜んで応じてくれました。そしてカルマさんとツェリンさんという二人の女性を紹介してくれたのです（図7-11）。

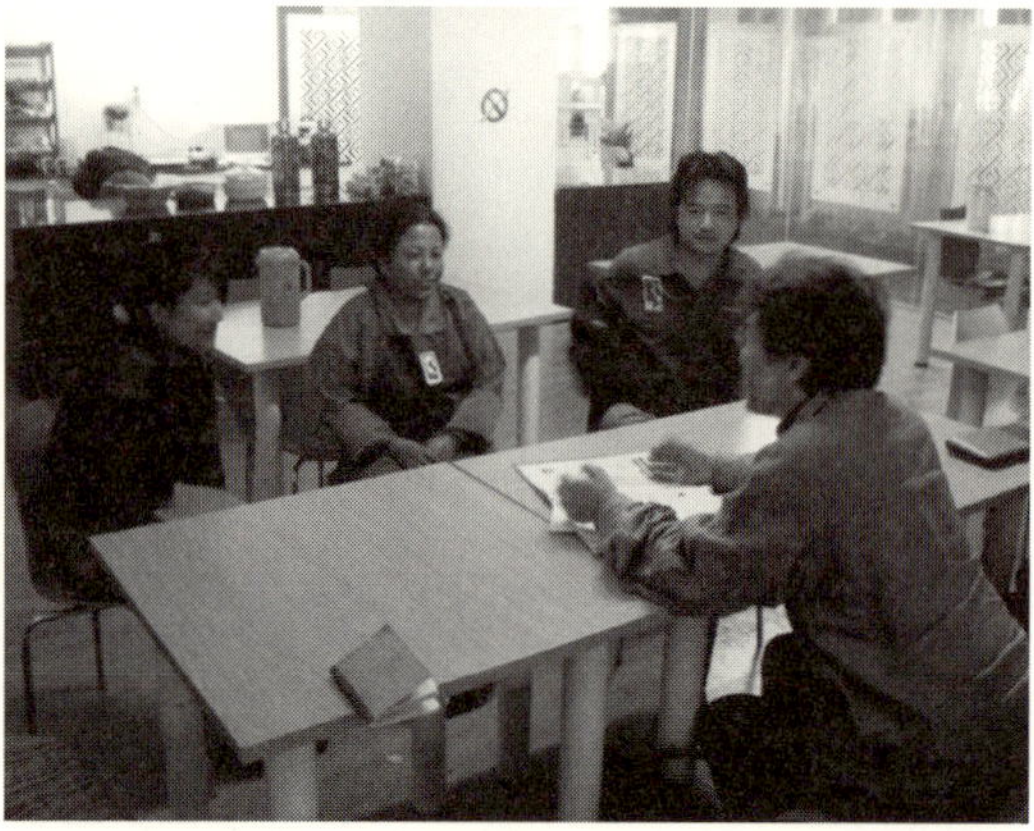

図7-11　左からツェリンさん、カルマさん、サニー（2013年3月28日）

二人ともシングルマザー。サニーによれば、シングルマザーだからこそ雇った、経済的に困窮した人から優先して採用するということでした。

二人とも英語を話しませんから、サニーの通訳を介して、ゆっくり話を聴くことができました。ツェリンさんは子どもの頃、小学校に通うことができなかったので、文字の読み書きができません。質問に答えるときも、はにかむという以上に、脅えるに近い表情を見せ、いつもカルマさんの陰に隠れていました。しかし仕事は立派に務めているということでした。

もう一つ印象的だったのは、「GNH」という言葉が出てきたときの彼女たちの反応でした。彼女たちはこの言葉を聴いたことがなかったのです。ブータン政府が国を挙げてアピールしているこの理念も、彼女たちのような普通の生活者には届いていませんでした。息子たちから聴いたこともなかったというのです。

ブータンの学校は小学校一年生から（正確には就学前教育から）英語で授業を行いますから、学校で習う知識は、すべて英語です。ところが、その知識に対応するゾンカ語（ブータンの公用語）の単語がそろっているわけではないため、その知識の多くはゾンカ語に翻訳することができません。英語を話さない彼女たちの場合、学校の学習内容を息子たちから聞くことができないというわけです。

こうした問題が世代間の格差につながります。学校教育を受けたか、受けなかったか、その違いが決定的な情報格差を生み、経済的格差を拡大してしまうのです。同時にこの問題は、私のような外部の観察者が出会う人が、英語を話す階層（あるいは世代）に限られてしまうという危険と重なります。「現代ブータンの人々」と言っても、実は、ある階層の人々に限られてしまう。しかもその限界に気が付かないという危険です。なお、先の「ＧＮＨ」について、サニーが説明していましたが、彼女たちが納得したようには見えませんでした。

ところで、サニーは「起業家」であると同時に、ロックミュージシャンです。むしろ彼自身のアイデンティティはロックミュージシャンに傾いているようで、たとえば、自分の生活費は音楽活動で稼ぐから、清掃会社で得た収入は全部働いている人たちのサラリーになると誇らしげに話してくれました。ではどんな音楽なのか。たまたま翌日の夕方に小さなセッションがあると誘ってくれました。

訪ねてみると、おしゃれなディナーパーティでした。あとでわかったのですが、ある政党の選挙パーティー

図7-12　サニーの音楽活動　ディナーパーティでのライブ演奏（2013年3月29日）

でした（図7-12）。そうしたパーティーの席でバックグラウンドミュージックのようなライブを担当していました。ロック音楽というより、フォークに近いような、たとえばボブ・ディランなど、一九六〇年代、七〇年代の曲を、アコースティックギターに乗せて、軽快に歌っていました。

「個の必要」と「リラックスした信頼関係」との共存

さて、こうした調査の後、しばらくサニーから連絡が来なくなりました。何か変化が生じているとは思ったのですが、二〇一五年九月に再び訪ねると、彼はその会社を辞めていました。正確には、会社それ自身を畳んでしまったというのです。理想としてはよかったのだが、アイデアが新しすぎたと、いろいろな話を聴かせてくれました。

彼は若者たちに対する不満を口にしました。若者たちが「シリアスでない」。真面目でないとか、真剣さが足りないとか、本気で取り組む姿勢がないという意味でした。「リラックスピープル」とも語っていました。のんびりしすぎている、真剣にならない、その日暮らしである。沖縄でいう「ナンクルナイサー」に似ています。ところが、他方では、即座に金になる話に振り回される。「クイックマネーをほしがる」。金になる話があると、それまでの仕事を放り投げて、そちらに移ってしまう。責任感がないと嘆いていました。彼は若者たちといっしょに働くつもりだったのに、若者たちはいい加減に放り出す。それが悔しかったのではないかと思います。

このまま辞めてしまうのかと聞いたら、「人々の態度が変わったらまた戻ってくるかもしれない」ということでした。彼の話は実に幅が広く、ブータン社会の現状を的確に語るものですから、いっそジャーナリストに転身したらどうかと尋ねたところ、「それを自分は音楽で表現しようと思っている」と言います。つまり彼の音楽は若者へのメッセージでした。どんなメッセージなのかと尋ねると、責任を持てとか、時間をむだにするなと言います。少し説教臭いのではないかと思いましたが（それは伝えませんでした）、ともかくこれからは音楽活動に専念するということでした。なお、この会社は財団（ローデン財団）から資金援助を受けていましたから、これから返済してゆかねばなりません。しかもそれを音楽活動で賄うというのですが、うまくゆくのかどうか。いずれまた話を聴いてみたいと思います。

さて、こうしたサニーの話を聴いたあと、私はいろいろ考えてしまいました。彼は若者たちを「リラックスピープル」と批判します。しかし本来リラックスは信頼関係があるから成り立つことです。互いに争うことのない、互いに助け合う関係の基盤としての「リラックス」。サニーが願っていたのは、実はそうしたリラックスな社会を現代ブータンの中に新しく創り出すことだったのではないか。しかしそれだけでは、悪い意味における「いい加減に放り出すリラックス」と区別できない。むしろ社会が近代化する中では、契約が必要になり、責任が必要になる。時には競争し、競い合うことが必要な場合もある。そうした意味で「個」の自覚を強くする必要がある。サニーは今の若者たちに対して、責任を持った主体的な「個」の自覚が足りないと感じていたのだろうと考えたのです。

しかしそうした「個」の強調が、まさに競争社会を生み、常に評価に曝されるストレス社会につながってゆくわけですから、「個」の強調だけでは危険です。むしろ「リラックス」した信頼関係が必要になる。そしてブータンを訪ねる私たち日本人は、まさにそうした「リラックスした小さな共同体感覚」に共感し、ある種のノスタルジーを伴って理想化してしまうわけです。

いわば、〈「個」が孤立したモダン〉に疲れた私たち現代日本人は「個」の柔らかなブータンのプレモダンに安らぎを感じ、他方サニーは、そうした〈「個」の未確立なブータンのプレモダン〉に不満を感じ、「個」の確立したモダンを若者たちに求めていることになります。そうしたベクトルの違いはあるのですが、しかしどちらも、「個の必要」と「リラックスした信頼関係」との共存を求めている点では同じです。課題は共有されている。その意味で、私は、サニーの試みが私自身の課題と重なり合うと感じています。異なる視点から問題を見つめる貴重な機会であるように感じるのです。[8]

3 ブータン社会の現在——ストレスと尼僧院の視点から

ところで、私の出発点は「幸せの国ブータン」というキャッチフレーズへの違和感でした。本当のところ人々はどんなことを感じているのか。そう思って話を聴けば聴くほど、その文化の奥深さに惹きこまれ、社会の急激な変化に刺激され、幾重にも屈折した仕方でその魅力の虜になってきたのです。

そこで現代ブータンの具体的なトピックを二点に絞ろうと思います。ひとつは、ストレスの問題。とりわけ都市生活、あるいは、試験に追われる生徒たちのストレスの問題。もうひとつは、尼僧院のこと。実はこの一〇年ほど、女性修道者が急増しているというのです。

ストレス

近年のブータンの社会ではしばしば「ストレス」という言葉が聴かれます。ブータンで初の精神科医として有名なチェンチョ先生とお目にかかったときも、また彼の同僚のD・K・ニロラ先生から話を聴いたときにも、高校生のストレスが話題になりました。学校で試験が繰り返され、その結果によって人生が大きく分かれてしまう。とりわけ奨学金を得ることができるかどうか、それが人生の分かれ目になる。そうした仕方で、今まで体験したことのない「競争」に巻き込まれ、生徒たちのストレスが高まっているというのです。

大人たちの場合は「ローン」という制度が新たな問題を引き起こしています。従来、ブータン社会には「ローン」という融資制度はなかったのですが、現金を融資してもらえるとなると、ブータンの人々は楽観的な傾向があるために、安易に借りてしまう。そして返済の現実に直面してパニック症状を起こし、精神科に駆け込むケースが増えているというのです。「穏やかなリラックスした暮らし」が揺らぎ始め、ストレスが強まり、あるいは、対応できずにパニック症状を起こすというのが、精神科の先生たちの診断でした。

もう一つ興味深いのが、「コミュニティー感覚の喪失」でした。[9] もともとブータンの人たちは小さな共同体（村社会）の中で生きてきたのですが、都市化が進み、地方の村から首都ティンプーに移り住む人々が増加し続けています。

その中で「母語」を持たない若者が目立つようになってきたという話をしてくれたのが、カルマ・プンツォ先生でした。カルマ氏は大著『ブータン史』で有名な研究者ですが、[10] 社会活動にも積極的であり、実は、先のサニーが資金援助を受けたローデン財団の創設者でもあったのです。

彼によると、地方から子どものときにティンプーに出てきた若者は、どの言葉も中途半端になってしまう。故郷の言葉も、公用語のゾンカ語も、そして英語も、どれも少しずつ使うが、どれか一つの言葉で自分の意見を完全に表明することができない。異なる言語がパッチワークのようにつぎはぎの状態であるというのです[11]。

当然言語に限りません。マナーや生活習慣でも同じ状態。まとまりがないまま、バラバラな情報を身に付けているために、知ってはいるけれども、どこにもホームグラウンドがないというわけです。エリック・エリクソンという心理学者は、そうした状態を「アイデンティティ・クライシス」と呼びましたが、まさに現代ブータンの都市生活者、とりわけ若者たちは、急激な社会変化の中で「アイデンティティの拡散」状態を経験しているのだろうと思います[12]。

なお、都市化、インターネット、グローバリゼーションといった急激な変化の中で、都市と地方の格差がますます開きつつある点はしばしば指摘されますが、カルマ氏によると、興味深いことにブータンではすでに「地方回帰」が始まっているのだそうです。一方では「都市への流入」が継続しつつ、他方では、すでに都市生活に絶望し農村生活に新たな期待を持って戻ってゆく動きが始まっているというのです。

さらにもう一つ、カルマ氏が強調するのは、教育システムの変化です。近代学校の制度は世代継承の形をまったく変えてしまった。伝統的には子どもたちは師匠との特別な関係の中で知恵や技能を受け継ぎました。いわば、ひとりひとりに、大切に伝授されてきたわけです。それに対して、学校制度は「一斉に・大量に」伝えようとします。そして、厳しくしないと怠けてしまうという理由から生徒たちにプレッシャーを掛けている。「厳しさ」の形が変化し、今までにはない形の「ストレス」が生じているというわけです。

また、別の人から聞いたのですが、ブータンでは「権利」という言葉が子どもたちを甘やかす、と批判されることがあるそうです。子どもも大人と同じように権利をもつとなると、従来のように大人に従えと言えなくなる。その結果、子どもたちを甘やかすことになる、それではだめだ、もっと厳しくすべきであるという主張です。社会が近代化することへのひとつの反動のようですが、そうした複雑な動きの中で、社会全体が、今までになく「ストレスフル」になっていることは確かであるようです。

尼僧院

第二の話題は尼僧院（女性修道院）です。ブータンの男性僧はよく知られていますし、街でもよく見かけますが、女性僧を見かけることはほとんどありません。ところが尼僧院を訪ねて驚きました。この一〇年で急増しているのだそうです。新しい可能性を秘めていると感じました。

プナカ近くの尼僧院は、高台にあるきれいなところでした。尼僧のことをゾンカ語で「アニー」と言いますが、若いアニーからも話を聞くことができました。照れているのか、あまり話をしてくれませんでしたが、たとえば、ここに来て寂しくないかと聞くと、そんなことは全然ない、前の学校にいたよりも尼僧院の勉強は大変だけどとても楽しい、と言います。二人とも「ここに来て幸せ」ということでした。

別の尼僧院、パロからティンプーに向かう途中のシシナ尼僧院では、七学年に在籍するアニーから

図7-13　作業途中の若いアニーへのインタビュー（プナカ尼僧院、2015年9月28日）

ゆっくり話を聴くことができました。ハイスクールを卒業してから尼僧院に入ったといいます。なぜ尼僧の道を選んだのかと尋ねると、まず「来世のベネフィット」という言葉が返ってきました。来世のために功徳を積むというのです。おもしろいことに、この「来世」が「ネクストジェネレーション」という言葉でした。私たちが使う「ネクストジェネレーション」は普通「将来世代」を意味するのに対して、アニーにとっては「魂の来世」、つまり自分の魂が次に進みゆく場所という意味だったのです。この二つの用語法がどう関係しているのか、いずれ詳しく尋ねてみたいと思います。

もう一つ、アニーが答えてくれたのは、「自分を変えたかった」という点です。学校になじむことができず、友達もいなかったと言います。後から見ますが、心理的な困難を抱えた生徒が尼僧院に移ってくるケースが時々見られるようです。男性の僧院ではそうした話を聴いたことがありません。男性の僧院はそれ自身が伝統的な「エリートコース」ですから、学校に馴染めなかった子どもが簡単に移ってゆくわけにはゆきません。それに対して尼僧院は、そうした子どもたちの受け皿にもなり得る。ということは、悪く言えば男性僧院に比べてレベルが低いということになるのでしょうが、急激に変化しつつあるブータン社会においては、こうした「受け皿」が大切であると思います。[13]

しかし単なる受け皿というわけではありません。やはり伝統的な訓練システムを守っています。このアニーの場合で言えば、この学院で九学年まで勉強し、その後三年間教師として教え、その後に、三年間の「完全瞑想」があると言います。あちらの言葉で「ロッソンチュッスム」、三年三か月と三日間、まったく一人になり、完全沈黙を貫くのだそうです。食事だけ担当の人が持ってきてくれますが、他には誰とも会わない。もし途中で耐えきれなくなったらどうするのかと聞くと、中断は許されないのだそうです。始めたら何があっても貫かねばならない。病気になった場合は医者が来てくれる。入院が必要な場合は、白い布で全身を覆い誰かわからない状態にしたうえで連れてゆく。ともかく三年と三か月と三日、完全沈黙を完了しなければならないのだそうです。

なお、後から話を聴いたところ、この「完全瞑想」は極めて特別なアニーだけが体験することであり、これまでにもごく少数、数えるほどのアニーしか達成していないのだそうです。そうした稀な体験に挑戦しようと準備するアニーに出会えた（これからも連絡を取り続ける約束ができた）ことはとてもありがたいことでした。

さて、このように尼僧の数は最近の一〇年で急増しているのですが、何がその原因なのか。要因はひとつではないようですが、興味深いのは「女性の権利」という点です。社会が近代化する中で「女性の権利（ジェンダー・イクォリティー）」が共有され始め、その中で、女性たちが、これまでのように夫や子どものためだけに時間を使うのではなくて、自分自身の魂のため、自分の魂の向上のためにこの人生を使うという発想をもつようになったのではないかというのです。とても興味深いと思いました。

もう一つ、おもしろいのは「カレッジ対抗ディベート」というテレビ番組の話です。その中で、カ

図7-14　シシナ尼僧院で話を聴かせてくれたアニー　3年間の「完全黙想」を目指している

レッジの一つとして出場した尼僧院の学生が勝ってしまったというのです。ディベートのテーマは、ＧＮＨ・音楽・ドラッグ・経済・障害など、普通の大学の優秀な学生が得意であるはずなのに、尼僧院の学生が勝ってしまった。その話をしてくれたのは先のカルマ氏ですが、彼は審査員としてその場で聞いていて、やはり尼僧院の学生たちの言葉には説得力があった、本気で話していると感じたそうです。

そのようすがテレビで放映されたものですから、親たちの評価も変わります。従来、尼僧院はいわば「みそっかす」が行くところだったのですが、その尼僧院がこんなにすばらしい成果を上げているとなれば、ますます社会的な認知度が高まることになるのではないかということでした。

それにしても、いったいなぜ、男性僧は減っているのに女性僧は増えるのか。今後の継続的な調査が必要ですが、様々な話を総合すると、尼僧院には男性僧院のエリート体質が少ないという点が大きいように思われます。男性僧院が権威の社であり、確固たるヒエラルヒーの下にエリート教育を行い、競争も厳しいのに対して、尼僧院には権威もヒエラルヒーも競争もありません。むしろ互いに自らの「魂をケアする」時間を保証し合う、そのための共同体です。そうであれば、学校教育の競争のストレスに馴染めない子どもたちが、こうした「互いに支え合う共同体」を求めて尼僧院に入るということも納得できます。あるいは、ストレスの強い社会に馴染めない女性たちが「魂をケアする共同体」を求めて尼僧院に来る。しかし同じことを男性僧院に期待することはできません。男性僧院は（もちろん本来的には「魂をケアする共同体」であるべきなのでしょうが）、権威を持ったヒエラルヒーですから、尼僧院に入るのとは意味が違います。

この点と関連して、精神科医のチェンチョ先生が、精神科医と僧侶との協力を模索したが成功しなかったと話をしてくれました。僧侶たちはエリート教育を受け、自分たちが真理を持っていると思っているから、クライエントの苦しみに耳を傾けることができない。それに対して、尼僧たちは、相手の話を聴くこ

図7-15（上）　キラゲンパ尼僧院から見た風景
図7-16（下）　尼僧院は岩肌を彫りぬくように建てられている

図7-17　少しだけ話を聴くことができたアニーたち（2016年9月30日）

とができる。尼僧たちとの協力関係を模索しているということでした。

なお、ブータン社会における女性の位置についても総合的な研究が必要です。財産などは母系で相続してゆくと聴きますが、他方で、女性に生まれたら解脱できないとも言います。ある学生の記憶では、彼の祖母は、毎朝、「来世は男に生まれ変わって悟りを開きたい」と祈っていたそうです。教義の問題ではなくて、ブータンの庶民の一般通念として、「女性のまま解脱することはできない」と考えられているのか、今日では変化しているのか。今後の課題です。

もう一か所、キラゲンパ（Kila gempa）という尼僧院も印象的でした（図7-15）。

パロから車で二時間ほど山道を登った標高三九〇〇メートル、岩を彫りぬいて建てられた尼僧院です（図7-16）。世俗の暮らしから完全に隔絶していることもあり「聖なる空間」と言うしかありません。三〇名ほどのアニーたちが学んでいましたが、若い尼僧さんたちがよくここに来る決心をしたものです。あまりに特別な空間であったため、まだていねいに話を聴く機会はないのですが、二〇一六年に訪ねたとき、少しだけ話を聴くことができました（図7-17）。祈禱や学科の勉強のほか、毎週英語のクラスもあるのだそうで、英語で話ができましたから、いずれもう少していねいに話を聴いてみたいと思っています。

尼僧院の奥は深い、頭が下がります。

4　輪廻というコスモロジー

さて、以上のように、現代ブータンの変容を継続調査しているのですが、急激な変化に驚くと同時に、他方では、簡単には変わらない一貫した位相を感じるようになりました。いわば、人々のメンタリティの深層、ブータン社会の根っこのような位相です。むろん、その正体を言い当てることなどできないのですが、さしあたり注目したいのは「輪廻という人生観」のことです。「輪廻」、あるいは「転生」のコスモロジー（人生観・世界観・宇宙観）がブータン社会の根っこにあるのではないかと思うのです。

仏教における輪廻の思想には様々な議論がありますが、要点だけ見れば、徹底した「因果関係」です。過去世の行いが現世に影響を与え、現世の行いが来世に影響を与える。自分の現状は前世の行いの結果である、しかし今世で徳を積めば来世はよくなる、つまり将来を決定するのは現在の自分であるということになります。ですから宿命論ではありません。むしろ自己決定の思想、よくも悪しくも「自業自得」の自己責任の人生観なのです。そこで有名なマックス・ウェーバーは輪廻を「極めて合理的なシステム」と評しました。「銀行の帳尻合わせ」という喩えを使いながら、今世において帳尻が合わないとしても、それは来世に持ちこされて、最終的には損得勘定の帳尻が合う。自分の行ったことは必ず自分で償う（報いを受ける・報酬を受ける）と論じるのです[14]。

問題は、そうしたコスモロジーを今日の若者たちがどう感じているのかという点です。実は何度かインタビューを試みたのですが、なかなかうまくゆきません。ひとつには、彼らが防衛的になってしまうという点、もう一つは、彼らが、高僧の転生、たとえば、ダライ・ラマのような化身（リンポチェ）の話を始めてしまうという点です。私が聴きたいと思っているのは、「あなた自身は自分の転生をどう考えているのか」という点なのですが、どうもうまく話が進みませんでした。

「ヤンシィ」と「ケワ」

数年たってようやくその一つの原因がわかりました。ゾンカ語には「転生（rebirth）」を意味する言葉が二つあったのです。「解脱した高僧の転生（ヤンシィ）」と「普通の人の転生（ケワ）」です。日本語や英語の場合、解脱した高僧の転生も、普通の人の転生も、同じ「転生」です。区別がありません。ところがブータンの言葉では、解脱した高僧の転生（ヤンシィ）と普通の人の転生（ケワ）では、まったく意味合いが違うのです。

何が違うかと言えば、前者（ヤンシィ）の場合は、すでに解脱しているのですから、本当は戻ってくる必要がないのに、自分の意志で戻ってくる（転生する）ことを意味します。輪廻から解き放たれ、もはや転生する必要はないのに、人々を導くために、わざわざ自分の意志でこの地上に戻ってきてくれたというわけです。ですから、正確に言えば、「（自分の意志による）転生」ですが「輪廻」ではありません。それに対して、後者（ケワ）の方は、文字どおり「（必然的な）輪廻」です。自分の意志などとは関係なく、戻らざるをえない。前世のカルマを背負って必然的に何度も転生を繰り返さざるをえないと

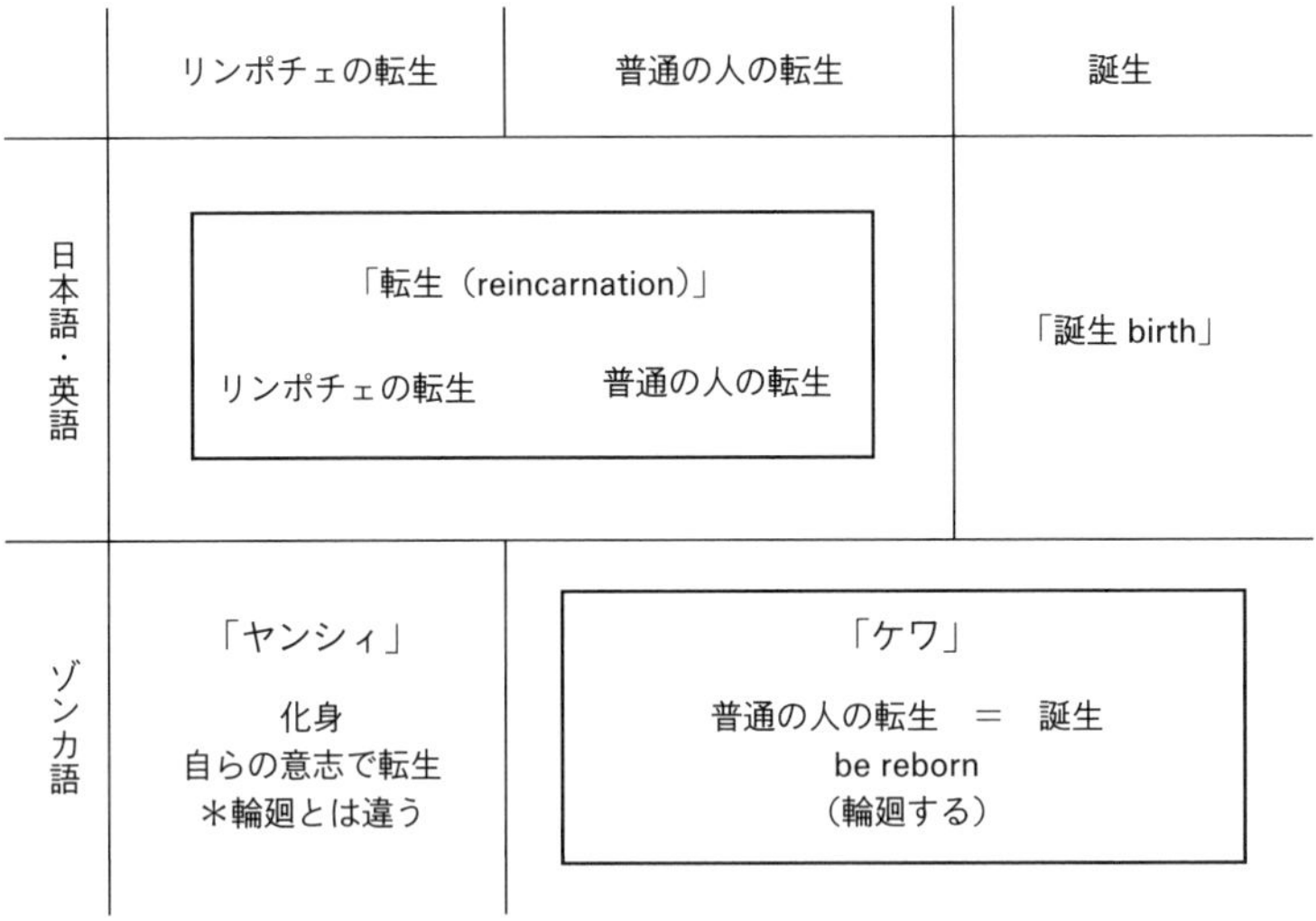

	リンポチェの転生	普通の人の転生	誕生
日本語・英語	「転生（reincarnation）」 リンポチェの転生　　普通の人の転生		「誕生 birth」
ゾンカ語	「ヤンシィ」 化身 自らの意志で転生 ＊輪廻とは違う	「ケワ」 普通の人の転生　＝　誕生 be reborn （輪廻する）	

図7-18　転生をめぐる用語の違い

いうわけです。

もうひとつ、おもしろいことに、ゾンカ語の場合は、この後者「ケワ」という言葉が、そのまま「誕生」を意味します。ということは「誕生」と「転生」の区別がないのです。「生まれる」とはそのまま「再生（転生してきた）」なのです。それに対して、日本語でも英語でも、「誕生（birth）」と「転生（rebirth）」とはまったく異なるカテゴリーに属します。医学部の産科で「転生」という言葉を使ったら、まるで場違い、非科学的と追い出されてしまいます。

つまり、区切り方が違うのです。ブータンでは、「誕生」と「転生」の区別はない代わりに、〈解脱した高僧が自分の意志で転生すること〉を、特別な言葉で区別する。日本語や英語の場合は、高僧と普通の人との区別はない代わりに、「転生」と「誕生」は完全に区別するというわけです（図7-18）。

私がブータンの若者たちに「輪廻（reincarnation）」について尋ねると、どうやら彼らは、まず「ヤンシィ」を思い出すようです。そのため、解脱した高僧（リンポチェ）の話をし始め、自分の「ケワ」のことは話さない。その意味では、私は彼らに「自分自身のケワ」について話してほしいと尋ねるべきなのかもしれません。しかし「ケワ」は生理学的な「誕生」のことでもありますから、もしかしたら、彼らは精子と卵子の結合の話を始めるかもしれません。こうした話題がいかに繊細であるか、痛感しているところです。

「私の感覚（a sense of 'I'）」

ところで、「転生」のコスモロジーによれば、人生は一回限りではありません。私の「魂」は、以前にも別の姿をもって生きてきた。そしてこれからも何度も別の姿に生まれ変わりながら、しかし「魂」としては連続している。とすれば、現在の「私」は、その「魂」の旅の一場面に過ぎないということになります。

つまり、「私」と「魂」が区別され、「私」という自我感覚は、「魂」の一つの姿ということになります。たまたま今はこの「私」として生きているが、別の姿で生きていたこともあれば、これからも別の姿になることもある。しかし逆に言えば、「魂」としては、過去にも未来にも、生き続けることになる。つまり「私」の時間が前後に延長されることになります。誕生から死までという区切られた時間とは異なる、何度も生まれ変わる果てしない時間。

それだけでも十分に興味深いのですが、それ以上に驚きであるのは、そうした生まれ変わる時間の中では、「身内」の感覚が果てしなく拡大されるという点です。ブータンの人たちはしばしば「この虫が過去世ではあなたの母親であったかもしれない」という言い方をします。目の前に飛んできた蠅《はえ》、この蠅にも過去世がある。様々な姿で生まれ変わってきた。あるときは、人間の女性として生きていたかもしれない。他方、私も様々な姿で生まれ変わってきた。とすれば、私が、どこかの時代、その女性の息子であった可能性がないとは言えない。そうした可能性を広げてゆけば、生きとし生けるものすべてが実は深くつながりあっている。過去世を辿り、来世を予感すれば、どこかで身内となる。まして同じ時代に同じブータンに生まれた人と人であれば、よほど深い御縁があるに違いない。出会う人みんなが「身内」なのです。

そうしたコスモロジーが、ブータンの人たちの根底に共有されているようです。確かに時代は変化し、ブータンでも若い人たちの宗教離れが論じられるのですが、しかしこのコスモロジーは、宗教的な信仰以前の、ある種の生活感覚ではないかと思われます。たとえば、ゾンカ語を使うということは、すでにそのコスモロジーを当然の前提に受け入れることを意味する。ゾンカ語という言語共同体（スピーチ・コミュニティ）に属するとは、（意識するしないにかかわらず）そのコスモロジーを共有すること。そうした意味において、「輪廻を信じている」のではなくて、「輪廻を生きている」ように感じられるのです。

それは、仏教の教義を信じるという意味ではなくて、生まれ変わる時間の中に生き、身内の感覚が果てしなく広がってゆく感覚を生きているということ。より正確には、「私」の感覚（a sense of 'I'）が、そうした広がりの中で、やわらかく、穏やかであるということ。少なくとも、近代的な「個」の意識ほど、鋭くない（トンガッテいない）、あるいは、「私」と「他者」との境界線が、輪廻のコスモロジーを共有しない人と比べて、やわらかく、双方交じり合っているということになります。

そうした独特な「私の感覚」（前近代、「非」近代においてはむしろこちらのほうが一般的であったかもしれない感覚）は、現代のブータンの若い人たちにも共有されている、そしてそう簡単には変化しない、少なくとも表面的な変化に比べたら、その変化は遅いのではないかと思われるのです。

5　終わりに

ひとつのエピソードを紹介して終わります。王立ティンプー大学（Royal Thimphu College）を訪ね、学生たち六名に集まってもらい、三時間ほどインタビューしたときのことです。最後になって、ビジネス専攻という男子学生が、こんな話をしてくれました。

「ブータンはもっとも宗教的な国である、自分はブータンに生まれて本当に幸せだ。ブータンは悟りにもっとも近い国である。前世の行いがよかったから、このブータンに生まれてくることができたのだと思う。（I was born here Bhutan, because I was good in my previous life.）」

私は驚いてしまいました。そして思わず、君は特別な学生かと聞き返しました。そうではないようです。同席していた他の学生たちも、彼の言葉に頷《うなず》いていました。もし、これが普通の学生たちの感覚であるとしたら、少なくとも日本の学生とはかなり違います。日本の学生たちがこうした言葉を聞いたら、おそらく私と同じように、驚くのではないでしょうか。

繰り返しますが、これは信仰深いおばあさんの言葉ではありません。グローバリズムにおけるブータンの経済的発展の可能性を流暢な英語で論じ、将来は観光ビジネスを希望する、その意味では、時代の先端をゆく学生にして、「前世の行いがよかったからブータンに生まれてきた、ありがたい」と言うのです。

ブータンの伝統はそう簡単には崩れない。そう思いつつ、しかし見た目には急激な変化を続けるブータンの社会について、もうしばらく話を聴き続けてみたいと思っています[15]。

注

1　詳細は、拙論「ブータンの現在、あるいは、ブータンという物語」(『教育哲学研究』第一一二号、二〇一五年一一月)二〇五-二一九頁。拙論「現代ブータンの新しい世代——ある青年の挑戦」(杉本均編『ブータン王国の教育変容——近代化と「幸福」のゆくえ』岩波書店、二〇一六年八月)一七九-二〇八頁など。

2　「伝統を生かすしかたの近代化」とも語られる。ブータンではdifferent development, balance developmentという言葉を耳にする。

3　「礼儀作法(ディグラムナムチャ)」については、たとえば、"Driglam Namzhag: A Manual" National Library, Bhutan,1999。また、批判的視点も含めた貴重な考察としては、Karma Phuntsho (2004). "Echoes of Ancient Ethos: Reflections on Some Popular Bhutanese Social Themes." In Karma Ura; Sonam Kinga. The Spider and the Piglet: Proceedings of the First International Seminar on Bhutan Studies (PDF). Thimphu: Centre for Bhutan Studies. pp. 564–580.

4　調査は京都大学GCOEプログラムの一環として開始された。メンバーは、多少の出入りはあったものの、杉本均(比較教育学)、南部広孝(比較教育学・高等教育)、山名淳(教育哲学)。調査費のため三菱財団研究助成金を得たこともあった(「急速に都市化・近代化するブータン社会における伝統的習俗・試験制度・若者文化——

5 ブータンの若者たち（一〇代、二〇代）への聞き取り調査」二〇一二年-二〇一四年、研究代表：西平直）。共同研究の成果は、前掲書『ブータン王国の教育変容――近代化と「幸福」のゆくえ』岩波書店、二〇一六年八月。

6 移転以前の「文化言語学院」については、上田晶子『ブータンにみる開発の概念――若者たちにとっての近代化と伝統文化』（明石書店、二〇〇六年）。院長によるとこの移転は近隣地域を巻き込んだある種の「ニュータウン計画」の意味を持つ（二〇一一年一一月二二日、インタビューによる）。

7 ブータンのアイデンティティがゾンカ語だけで保障されるわけではない。むしろゾンカ語自体がまだ確立途上の言語であり、日本における「日本語」が有する安定性はゾンカ語にはない。保護しないと英語の威力に飲み込まれてしまうような存在である。その意味においてアイデンティティを守るための一つの「砦」である。しかし、たとえば、学校教育における授業言語をゾンカ語にすることは（第五代国王の方針であったにもかかわらず）、現状ではほぼ不可能に近い。あちらの学生たちに、学校で習った知識（英語で学習した内容）を（英語を話さない）祖父母にどうやって話をするのかと尋ねたとき、彼らは、そうした場面を思いつかないということだった。

8 ブータンの新聞は「若手起業家」の記事としてこの清掃会社を紹介する中で、この会社名が「清掃会社とわかるまでは奇妙に感じられた」という（Kuensel, Online, Jan. 16. 2013）。サニーの清掃会社のことはブータンのマスコミも注目しており、ネットで検索すると時々登場する。

9 後に見る「転生のコスモロジー」との関係において、サニーは転生をどう考えているのか、実はまだ聞いたことがない。仕事や音楽の話の中では「転生」が話題になる機会はなかったということである。しかし案外彼の土台にはブータンの伝統的コスモロジーが深く根付いていて、たとえば、自らのカルマについて確かなイメージをもっているのではあるまいか。

ブータン社会は従来「大きな家族」の感覚で成り立ってきた。社会全体が家族のように助け合い、困っていたら互いに助けるのが当然という、ある種のセイフティネットが作られていた。おそらくそれは社会全体の要求水準が低かったから可能であった。ところが近代化によって欲望が肥大化し、要求水準が高くなり、競争というストレスが加わることによって、とりわけ都市生活の中で、そのセイフティネットが崩れ始めた。サニーの試みは、そうした現状に対する新たな挑戦であったことになる。

10　Karma Phuntsho (2013). The History of Bhutan. Nodia: Random House India.　仏教哲学研究として、Karma Phuntsho (2005). Mipham's Dialectics and Debates on Emptiness: To Be, Not to Be or Neither. Routledge Critical Studies in Buddhism. London: Routledge Curzon.

11　二〇〇四年の調査によると、「ゾンカ語の読み書き」ができるのは人口の六〇%、ゾンカ語を母語とする人は二八%に過ぎない（Namigy Thinley, Dzongkha; Present and Future, Presentation Paper, 2013による）。識字率は六三%（二〇一二年、ブータン国家統計局）。

12　「アイデンティティ」問題については、拙著『エリクソンの人間学』（東京大学出版会、一九九三年）、拙著『生涯発達とライフサイクル』（鈴木忠と共著、東京大学出版会、二〇一四年）など。

13　尼僧院は現代ブータンを生きる女性にとって重要であると同時に、仏教という伝統が現代において生きて働く一つのモデルとして重要である。古き伝統を残すだけではなく、むしろ社会における新たな指針を示すことになる。

14　Max Weber, Hinduismus und Buddhismus, in; Gesammelte Aufsaetze zur Religionssoziologie, 1972, S.118-119. またこの点については、拙論「めぐる時間・めぐる人生――『輪廻とは異なるめぐる時間』の諸相」（岩波講座『日本の思想』第五巻、岩波書店、二〇一三年）。

15　その後の新たな出会いについては、たとえば、拙論「草の根のつながり――ブータン調査の一コマ」『図書』二〇一六年二月。

第8章 ❖ ブータンの魅力とGNHの現在
——世界はGNH社会を求めるのか

草郷孝好

本章の話は大きく二つのポイントがあります。一つ目は、私がなぜブータンに魅かれるのかという点。私もブータンに足を運んで、まだ間もないほうですが、足を運ぶたびに魅力といいますか、自分にとってのブータン像というものがどんどん変わっていくのです。調査で日本の村落に行くことも多いのですが、ブータンでも、日本の集落で感じるものと似ているところを見つけたり、それとは違う新しい発見もある。一人の研究者の視点から、ブータンの魅力は何かという点をお話ししたいと思います。二つ目は、ブータンの掲げるGNH（Gross National Happiness: 国民総幸福）の現在と可能性です。GNHを世界の国々がどう見ているのかという視点から考えてみたいと思います。そして、日本社会はGNHを活用できるものなのか、あるいは参考になる知恵、あるいは具体的な取り組みがあるのだろうかということについても、お話ししていきたいと思います。

なぜブータンに魅かれたのか

アジア・リーダーシップ・フェロー・プログラム（ＡＬＦＰ：国際文化会館と国際交流基金主催）では、アジアの国々から毎年数名のフェローを選んでいます。私は二〇〇四年のフェローとして、三カ月間東京におりました。たまたま、同じ年に、ブータンから初めてのフェローとして、ジャーナリストでブータンの新聞『クエンセル』編集主幹のキンレイ・ドルジ（現・ダショー・キンレイ・ドルジ）さんが選ばれ、知的交流の機会を得たのが、ブータンとの縁の始まりでした。

ドルジさんは、毎日、日本人フェローである私に説教してくれました。「日本人はちょっと変じゃないか」と。彼には親しい日本人の友人がいて、その息子さんがちょうど三月に大学を卒業し、四月から仕事をしている。そのときは九月か一〇月ですから、半年たっているわけです。その友人に聞くと、息子さんは毎日毎日、終電で帰ってくる。それはおかしいだろうと言うのです。おかしいですよね、確かに。

ブータンには電車はありません。「終電まで働くということはおかしい」という言葉から、日本社会の抱える構造的問題への鋭い指摘だということがはっきりと私に伝わってきたものです。では、どうすべきか、自問自答する日々でした。

偶然ですが、王立ブータン研究所（CBS: Centre for Bhutan Studies）の代表であるカルマ・ウラ（現・ダショー・カルマ・ウラ）さんも千葉県のジェトロ・アジア経済研究所に研究滞在中でしたので、ドルジさんが、「経済成長の質」をフェローの研究テーマにしていた私を彼に引き合わせてくれました。これがきっかけとなり、ＧＮＨについて、ＣＢＳと一緒に考えていくきっかけができたのです。このつながりから、ブータンに行かなければいけないということになり、初めてのブータン訪問を二〇〇五年に果たしました。そのときにいくつかとても印象に残ることがあったのですけれども、ここでは、その中から二つを紹介します。

ブータンのワンデュ・ポダン県を訪問したときのことです。道中、出会うブータンの人に繰り返し「幸福を感じる瞬間《とき》はいつですか」と尋ねてみました。そうすると、「農閑期の冬である」とか、「みんなが家に集まるとき」という答えが返ってきた。非常に印象的でしたね。農閑期の冬がいいのかと。そのとき、あまり深くは考えていなかったのですけれども、家族が一緒にいられるのが冬。夏の間は農作業でただただ忙しいということなのですね。私は冬の長い、寒い時期に、新潟や福井の村落に行ったりするのですが、そういえば、日本の集落でも、実は同じようなことを言われます。出稼ぎに出る人もいますので、その場合は冬も大変なわけですが、家にいる間は、家族との時間を持てる冬はすごく楽しみだというわけです。

次に印象に残っているのは、プナカ県を訪れ、そこで、三五歳の一人の男性に声をかけたときの話です。流暢《りゅうちょう》な英語で驚いたのですけれども、「どこで勉強したの?」と聞くと、独学だと言うのです。経済的事情から学校に行けなかった。そこで、彼は、一人で地元の中学校に出かけ、その学校の先生にかけあって個人的にアドバイスをもらいながら英語を勉強したと言うのです。これには感動しました。また、彼は若いけれど村長だそうで、どういう村づくりをしたいのかを、いっぱい語ってくれました。彼の村は、彼と話をした場所から二〇キロぐらい離れている山奥の村で、彼の夢は、できるだけ早く村に電気を引くことだという話には心を打たれました。さらに一〇歳以上年の離れた弟が留学して勉強しているということをとてもうれしそうに話してくれました。彼の真っすぐな目線がすごく印象的でよかったですね。

それから、二〇〇六年と二〇〇七年には、国際交流基金の研究助成金で、CBSと（私が当時所属していた）大阪大学の共同研究を行いました。研究課題は「ブータンと日本におけるGNHと物質的な幸せ」です。この研究の成果発表セミナーをCBSで行い、ブータン人の幸せの要素を発表したのです。これがいちばん受けたようで、翌日の『クエンセル』紙の一面記事になっていました。どういう見出しで載ったのかというと、「ブータン人にとって、幸福であるために一番欠かせないものは、やはりお金だった！」でした。

この共同研究では、「幸せの要素」を尋ねていて、それを整理して、発表しました。一番目が、安定した財政基盤、つまりお金。二番目は、よい家族関係と家族の健康。三番目が自分の健康。お金、家族、そして健康がトップスリー。これら三つは、ほぼどの国でも、幸せの要素を聞くと、必ず上位に出てくるものばかり、ブータンも同じなんですよね。研究者にとっては、ブータンでも重要な要素に変わりがないという調査結果だったのですが、ブータン人にとってはショックというか、衝撃だったたのでしょう。お金は大事だと思うけれど、よりにもよって、一番目に、しかも他を圧倒して、財政的基盤、やはり生計、お金が大事なのか、と。かなりセンセーショナルに取り上げられたという記憶があります。ただ、この研究から見えてきたことは、それだけではありません。当然ながら幸福度も聞きました。むしろ、私には、その結果のほうにとても驚かされました。回答は、一から一〇まで、このときにはゼロ点は入れていませんでしたので、一〇段階の選択肢で幸福度を聞きました。どこにびっくりしたかというと、一〇、九、八、七を選ぶ人が多かったのですが、その中でも、一〇が飛びぬけて

図8-1　ブータンのGNH調査の様子（撮影：草郷孝好）

多かったことです。

さらに、項目別のブータン人の生活満足度の高さも衝撃的でした。健康面、経済面、仕事面、家族面の四項目の満足度を尋ね、「満足」、「まあ満足」を選んだ人の割合を足し合わせると、四項目すべてで八五％以上という高さだったからです。

この共同研究は、ＣＢＳのＧＮＨ調査の試行調査に位置づけられていたこともあり、ＧＮＨ調査を実際にどうやるのだろうという好奇心もあって、私も彼らのブータン人との対面調査の現場に同行させてもらいました。図８－１の右側の女性は手元に本みたいなものを持っています。何だと思いますか。これが、ＧＮＨ調査用の質問表のパイロット版です。質問数が多いため、冊子になったのです。ですから、一人当たりの調査には、なんと、六、七時間かかっていました。

驚いたのは、ブータンの方が我慢強く調査に協力してくれる姿勢です。調査をしているのが、ＣＢＳという政府の研究所ということもあるでしょうけれど、それにしても、この六、七時間の濃密な質問風景は忘れられません。私は横でずっと座って一部始終を見ておりました。

その後、ブータンはＧＮＨ調査を本格化させ、ＧＮＨ指標を開発し、その公式発表を二〇〇八年に行いました。

表8-1　ブータンの魅力

1　まっすぐな人柄という魅力
・自分の意見や考え方を持つ人との出会い
・よきリーダーシップの実践～国王、大臣、公務員、村長など

2　国（政府）の魅力
・ブータン政府が方針を立て、その方針に理解の得られる援助国を選択し、相互交流する

3　ともに支えあう社会の魅力
・現実には厳しい生活環境下にありながら、肩肘張らずに支え合っていきる家族と地域コミュニティの存在
・早朝に活動開始。各自の役割にあたる。夜や冬を楽しむ。

では、ブータンにかかわりを持つ中で、私がブータンのどこに魅力を感じてきたのでしょうか。ブータンの独自性という点に絞って考えてみると、その魅力は三つにまとめられます（表8-1参照）。

一つ目は、ブータン人のまっすぐな人柄です。自分の意見や考え方を持つことが、まず大事。自分の考え方を持つことができている人が多いなと、行くたびに感じます。これが、よきリーダーシップの実践にも通じていると思います。国王、大臣、公務員、村長、ある程度社会の中の要職にある人には、当然備わっていなければいけないのですが、自分の考えをもって、リーダーとして振る舞うことができる人がブータンには多いと感じています。そういう意味でのまっすぐな人が多いというのが、魅力の一番目です。

魅力の二番目は、独自のGNHを掲げているのを見ても分かりますけれども、ブータン政府がどういう社会にしたいのかという方針を立てていることです。私は、国際機関で仕事をしていたころ、いろいろな途上国の政府と仕事をしていたのですが、自国の国造りの方針を簡単に曲げてし

まう国が多いのです。支援してくれるのであれば、援助を受けるために、自国の方針を通さなくてもよいだろうという考えになってしまう。それだけに、ブータンのように、はっきりと、自分たちがどういう方向で国を作っていきたいのかを打ち出し、その方針に賛同を得られる国からの支援を受けてきたというのが、二番目の魅力です。

三つ目はともに支え合うブータン社会。首都のティンプーという町は、ずいぶんと大きな町になってきているのですけれど、地方にいくと、厳しい自然環境の中で日々の生活を営んでいる。それを支えるのが、家族と地域コミュニティーの助け合いなのです。支えあいの社会が、私が感じる三番目のブータンの持つ魅力です。

ブータンの掲げるGNH

ブータンはGNHという言葉で世界的に有名になりました。では、ブータンのGNHとはどのようなものなのか、簡単に見てみたいと思います。

図8-2は、経済成長型国家開発のシナリオを示したものです。いわゆる経済成長型、国家開発のシナリオ、富国シナリオです。高い経済力によって豊かな生活を実現しよう、が開発の最終目標ですけれども、そのために重視してきたのは、近代科学を利用した高度な産業開発で、それによって経済成長を遂げ、一人一人の経済的な富が豊かになるというシナリオですね。

このシナリオの成果を評価するための物差しとして、GDPを始めとする経済指標が使われてきました。確かに、この開発シナリオによって、教育や医療整備がなされてきたといえるでしょう。け

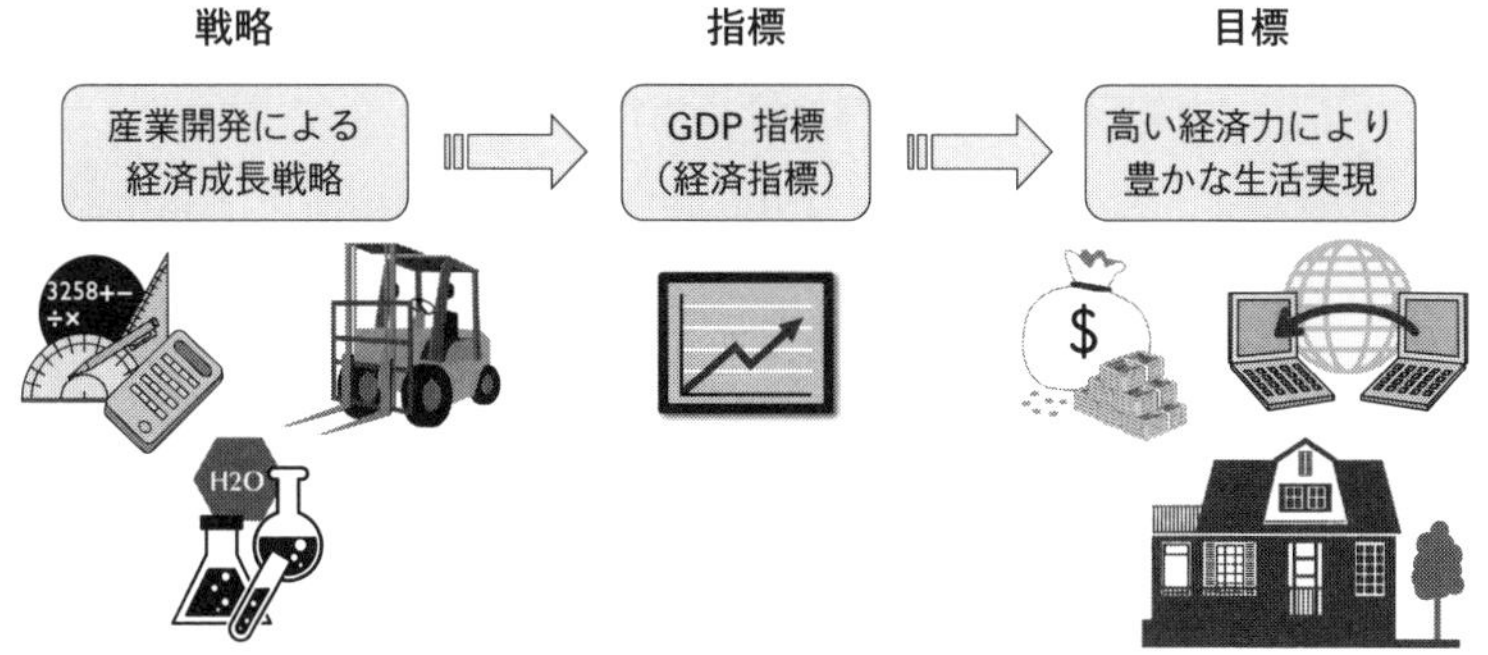

図8-2　経済成長型国家開発シナリオ

れども、そうではないマイナス面もあるという指摘がアメリカのリチャード・イースタリンという経済学者によってなされました（図８-３参照）。簡単にいえば、一人当たりＧＤＰ、つまり、所得は上がっても、生活満足度はそれほど上がっていない、という指摘です。先進国は、物質的な発展を遂げてきたけれども、人々の幸福を高めてはいないのだ、という問題を抱えているというわけです。

はたして、ブータンのＧＮＨとはいったい何なのかということですけれども、ブータンのＧＮＨは、ブータンが自国の近代化を遂げるための羅針盤としているものだ、と私は考えています。では、ＧＮＨを羅針盤にして、どのようなブータン社会をつくりたいのでしょうか。

京都の佛教大学で、第四代国王のお后であるドルジ・ワンモ・ワンチュックさんが「ブータンにおける現代仏教」というテーマでご講演された中に、次の一節があります。

「私たちブータン人は、本当の意味で開花した人間および社会を実現する、別な近代化の道があるのではないかと模索しています。本当に開花した人間とは、単に開発の主人公としての人

生活満足度は上昇していない

●生活満足度及び1人当たり実質GDPの推移●

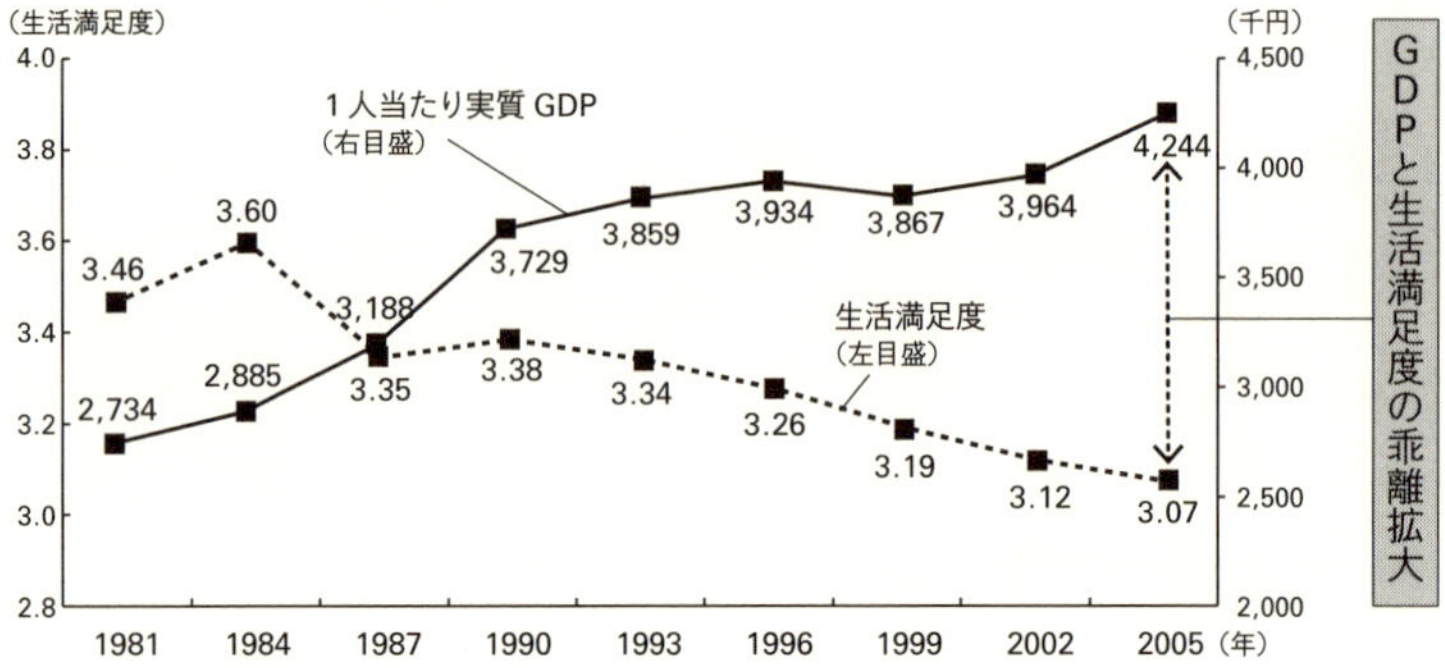

（備考） 1．内閣府「国民生活選好度調査」、「国民経済計算確報」（1993年以前は平成14年確報、1996年以後は平成18年確報）、総務省「人口推計」により作成。

2．「生活満足度」は「あなたは生活全般に満足していますか。それとも不満ですか。（○は一つ）」と尋ね、「満足している」から「不満である」までの5段階の回答に、「満足している」＝5から「不満である」＝1までの得点を与え、各項目ごとに回答者数で加重した平均得点を求め、満足度を指標化したもの。

3．回答者は、全国の15歳以上75歳未満の男女（「わからない」、「無回答」を除く）。

図8-3　GDPと満足度の乖離（イースタリン・パラドクス）　（平成20年度国民生活白書57頁より）

間とは別物です」と。「本当の意味で開花した人間」というところが面白いなと思っています。

私の専門は「開発学」でして、開発学というのは、人々の生活をよりよいものとしていくために必要とされる社会システムづくりを目指し、そのために必要な政策の開発や現場の実践に取り組んでいく横断的な学問分野です。社会の方向性を考えるうえで「環境とどう向き合うのか」という問いかけを重視しています。ブータンがGNH型社会という独自の道を歩むのは、持続する社会の実現を目指しているから、と考えています。つまり、人間中心、人間絶対優位ではなく、ブータンに存在している人間も、動植物も、すべての生命のことを考えながら、ブータン社会の発展を模索していると、読み取ることができるのです。

女王のご講演の内容は、ＧＮＨの意味を考えるときにとても参考になると思います。ブータンは、どこかの国の経験をモデルにして、そのモデルを模倣しながら、近代化を進めるのではなくて、ブータン独自にＧＮＨ型の発展モデルを模索しつつ、近代化に取り組むことを明らかにしているわけです。また、ＧＮＨは、地政学の視点から重要であると、先のキンレイ・ドルジ氏は言っています。ブータンは小さい国なのですね。人口も七〇万人ちょっとで、中国とインドという二つの大国にはさまれ、その中で生き延びていかなくてはならないわけです。独立国家を存続させなくてはならない。つまり、ブータンは、独創的なＧＮＨを掲げ、そのことが世界中に認知されることによって、小国ブータンが独立国家として生き延びていくためにプラスに働くと考えても不思議ではないわけです。

ＧＮＨとは？

ＧＮＨの本質は何か、ということをお話ししておきたいと思います。一言でいうなら、ＧＮＨは、ブータンにとっては近代化を進める上での羅針盤なのです。ＧＮＨは、チベット仏教の影響を大きく受けています。人と人とのつながり、相互依存関係性の大切さ、自分だけの利益を追求するよりも、他者の利益になるかどうかをより大切にする利他の精神、これらが重要なのです。それから、ＧＮＨでは、人間と環境の相互依存関係も大切にする。つまり、環境や生態系を大事に考えているのです。

これらをベースにしてＧＮＨの考え方ができあがり、ＧＮＨはブータンの憲法や国家開発計画に影響を与えました。

図８－４は、ブータンの近代化戦略を図解したものです。国民の幸せなり、質の高い生活を実現する

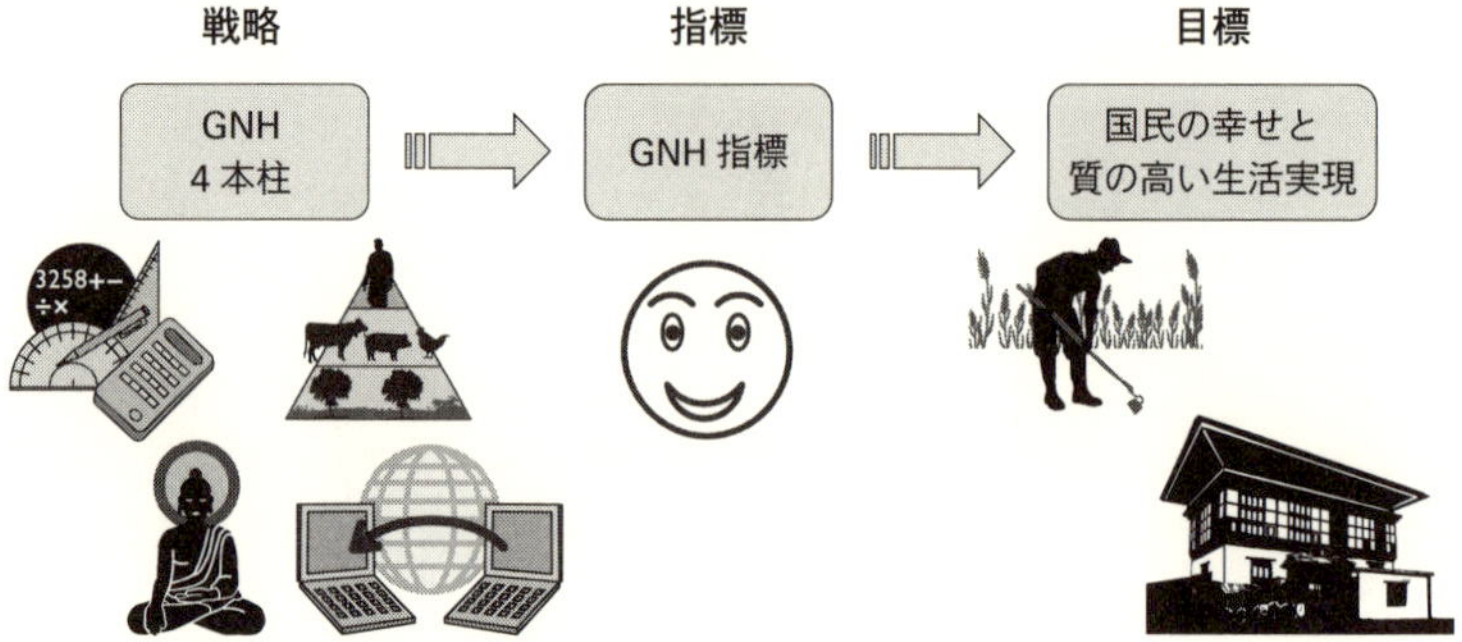

図8-4　ブータンのGNH型近代化戦略

ということを目標とし、ＧＮＨは四本柱から構成され、その進捗状況はＧＮＨ指標で確かめるのです。

では、ＧＮＨの四つの柱とは何でしょうか。まず、公正な社会経済発展という柱。経済成長は必要だけれど、深刻な格差を生み出さないようにする、また、差別を生まないような社会でありたい、という柱です。二つ目の柱は、生態系。つまり、環境の保全、自然と共生する社会づくり。三つ目の柱は、文化の保存。ブータンは多民族国家ですので、民族独自の伝統技術、習慣、言葉などを大事にしていくという考え方です。四つ目の柱が、よい政治ということで、住民が意思決定に関わるような民主主義の実現です。二〇〇八年に、政治体制を立憲君主制に切り替えたわけで、新しい政治体制を根付かせていくことが肝要ということでしょう。

実際に、どのようにＧＮＨ型の近代化を実現していくのかについて、少しお話ししておきましょう。ブータン政府は、省庁横断型のＧＮＨ委員会という組織を立ち上げました。ＧＮＨ委員会の仕事は、ＧＮＨの四本柱に基づいて国家開発計画の中身を責任を持って取りまとめ、優先すべき政策の抽出と評価を行っていくことにあります。GNH型社会につながるような政策の形成、選択ができているかどうか、成果を評価するしくみの開発と運用にあたる組織です。

GNHは、ブータンの「憲法」にもうたわれています。二〇〇八年に作られたブータンの憲法は、GNH憲法と呼べるものだと思いますが、その憲法の中でGNHという言葉が登場するのは、たった一回しかありません。それは、第九条第二項の政府の役割の規定に出てくるだけなのです。ブータン人がGNHを追求できるように社会の諸条件整備に努めるのが政府の役目、仕事です、と明確に規定しています。

そして、政府の役目とは、環境整備に努めましょう、原生林を六割以上は維持しましょう、所得格差や富の集中も最小限に努めましょう、医療は近代医療も伝統医療も受けられて、どちらも無償ですよ、地域や家族の助け合いを大切にしましょう、労働環境をよくしていきましょう、など、憲法でGNH型社会の具体を表現しているわけです。

GNH指標と取り組み

GNH委員会は、GNH型社会の進捗状況やGNH政策の成果を評価するために、ブータンが開発したGNH指標を活用しています。GNH指標は、GDPをはじめとする様々な経済指標と違って、包括的生活評価の指標といえます。

GNH指標は、どういう観点から包括的にブータン人の生活を評価しているのかを見ておきます。まず、健康です。当然大事ですよね。教育、これも大事でしょう。コミュニティーの活力、地域の活力、これも大事だと。それから、GNHの四本柱に入っているよい政治。意思決定に参画する、賄賂のない政治。次に、時間の使い方。やみくもに仕事ばかりしているのではなくて、家族と団欒《だんらん》があるのかとか、ちゃんと睡眠がとれているのかとか、そういうこともここに入ってくるわけです。それから、文化。多民族社会ブータンの持つ多様な文化を保存していこうということです。生態系、これが環境保全を意味します。そして、心の健康と体の健康です。健康も、内面的なものと外的なものがある、と物心両面をチェックしていくこととしているのがブータンGNHに目を見張る点でしょう。これら九つの観点から、生活を包括的に評価、チェックすることで、ブータンは確実にGNH社会に向かっているかどうかを評価するわけです。

四本柱に裏打ちされた国家開発計画やさまざまな政策を実行し、それによって、人々の生活がどう変化していくのかをGNH調査データを用いて、GNH指標を計測して評価し、確認する。これがブータン政府のつくり上げたGNH型の国家づくりの仕組みなのです。GNH型政策をつくったり、どの政策が優先されるべきかを決めたり、実際にそれを実施してみた後、本当に社会がどう変わったのかということをGNH指標で評価していく。

では、GNH型の社会づくりに向けてどういうことに取り組んでいるかというと、いちばん分かりやすい例は、電気自動車導入をブータンが決定したことです。ブータンは、電気自動車を増やすことで、クリーンな環境を保つというわけです。

GNHの国づくりに沿っている限り、最先端の技術の活用もいとわないのが、ブータンなのです。農業では、〝オーガニック・ブータン〟も掲げています。ブータンで穫れる農作物は有機のものが多いので、国をあげて、「ブータンの農作物はオーガニックな作物」を売り出していくというブランディング手法も、ブータンは積極的に取り入れています。

世界が寄せるＧＮＨへの関心

次に、本章の主題でもある「世界や日本はブータンのＧＮＨのどこに関心を抱いているのか」という点に話を進めていきましょう。

ブータンがＧＮＨを制度化していく過程で、「ブータンといえばＧＮＨ」というイメージを世界に広めようとしたのは間違いないでしょう。そういう意味でも、他者との相互依存関係をつくるのが、ブータンは実に上手で、国際政治のレベルでもうまくやっていると思います。

ブータンは、ＧＮＨをテーマにした国際会議をたびたび開催してきました。ブータン以外でも、カナダ、タイ、ブラジルなどで開催されました。世界的に著名な研究者や専門家を会議に招き入れ、ブータンのＧＮＨ型近代国家づくりへの助言を求めたり、協力関係を築けるように働きかけたりしていました。私は、カナダで開催された会議を除き、すべてのＧＮＨ国際会議に参加してきましたが、そのたびごとに、上手にやるなあと、いつも感心していました。

二〇〇四年のことですが、ＯＥＣＤは「社会進歩と経済パフォーマンスに関するグローバルプロジェクト」を立ち上げました。これは、各国の社会発展状況をチェックしていくための統計指標を見直そうということで、統計の専門家の手で始められたものです。これによって、ＧＤＰのような経済指標だけで社会進歩をはかるのは十分ではないという認識が広がっていきました。

二〇〇八年のリーマンショックを経て、二〇〇九年に、ジョセフ・スティグリッツ、アマルティア・セン、ジャン・ポール・フィトゥシという経済学者が中心になって「経済パフォーマンスと社会進歩の計測に関する委員会報告書」をまとめあげます。この報告書が世界的に大きな影響を与え、日本の内閣府も、二〇一〇年から二〇一三年まで、専門家による幸福度に関する研究会を立ち上げ、経済社会状況、心身の健康、関係性を三つの柱に置いた幸福度指標試案をまとめました。二〇一一年に入ると、OECDが個人レベルのより望ましい生活をするための指標として「よりよい暮らし指標」を発表しました。

これらの先進国の取り組みは、一連のブータンのGNH活動の後追いのように見えます。なぜなら、ブータンはGNHの考え方を独自に組み立て、それを軸にして、国づくりを制度設計し、すでに実行しているわけですから。

実際、ブータンは、GNHをベースにして、世界に影響を与えていることがあります。ブータン政府が、国際連合で幸福やwell-being（良き生活）の実現のため、包括的で持続的な開発を重視するという決議を発案、決議された結果、毎年三月二〇日が国際幸福の日になっています。人々の幸福こそ、世界の国々が大事にしていかなければいけないものの一つ、という提案をしていて、それが賛同を集めているということだと思います。

次に、貧困削減をはじめとする生活改善を目指す国連ミレニアム開発目標（MDG）をご存じでしょうか。MDGは二〇一五年で最終年を迎えました。そこで、国連は、MDGに代わる新しい開発目標を検討中で、新しい目標の中に、幸福に関する目標を組み込もうという働きかけをブータンは行っています。ブータン政府は、国連向けに独自の提案書を作成、ニュー・ディベロップメント・パラダイム（新しい開発の方針）を打ち出しています。

日本のGNHへの関心と実践

最後に、日本とGNHに話を進めましょう。ブータンのGNHの特色とか、世界からの関心という話を申し上げてきましたけれども、私たちが住んでいる日本とブータンの間には相当な違いがある。それなのに、GNHと何らかの接点があるものだろうか、そう感じている方も多いのかもしれません。

ブータンにおけるGNHは、政府主導の上からの開発政策です。普通に生活しているブータン人が声を上げて、GNH型社会の国づくりをしていこう、などと言ってきたわけではなく、国王や政府のリーダーが主導してつくってきたのです。ですから、ブータンにおけるGNHの今後について、上から目線のGNHをブータン人の日々の生活目線にどうつなげていくのか、という点が大きな課題と、私は考えています。

では、日本の場合はどうなのかといえば、ブータンとは違って、下からの動きが徐々に活発化しつつあります。第二次世界大戦後、政府が上から目線で富国モデルを作って経済的に豊かになった。GDP成長率をひたすら上げることを目指し、高度産業技術開発を推進、実現してきた。しかし、一人一人の人間の持つ可能性を引き出してきたかといえば、むしろ、人＝経済資源と位置づけてきました。また、環境と調和するというよりも、技術力で環境資源を効率よく経済利用する対象としてきました。けれども、少子高齢化の進行によって、本当にその富を生活の質や幸福な地域づくりのために使ってきたのかという疑問が生まれ、大規模な災害が起きるたびに、何が大事かを問い直していく人が増えてきました。幸福度の高い生活を実現することが大切なことに気づいてきました。これはブータンの掲げている目標と似通っていますが、日本では、環境との調和、地域住民や資源を生かすこと、人間の可能性を引き出す教育の必要性、相互に助け合う協働などが注目されているわけです。

日本では、疲弊する農山村地域、災害から復興する地域をどう立て直すかの議論が盛んで、コミュニティー・デザインという言葉も注目されています。そのあたりの動きの中に、日本におけるGNH適用の可能性があるのではないかと私は見ています。

日本の場合は、近代化に成功した点もあるのですが、うまくいかなかった点もあるので、よりよいものへとどう変えていくのかということに、いま、ようやく向き合っているわけです。そして、それをどうやって実現していくのかという課題に向き合う中で、GNHに関心を寄せています。

日本のユニークなところは、GNHをGDPなどに代わるという概念だけで受け止めているのではないという点でしょう。積極的にブータンのGNHの取り組みに学んでいる事例があります。それが、東京都荒川区のGAH（グロス・アラカワ・ハッピネス）です。GAHは、GNHのもじりですが、単なる言葉を真似ただけではなくて、「区政は区民の幸せのためにある」という行政方針を掲げている真剣な取り組みなのです。このGAHを構想する際、荒川区は区役所職員をわざわざブータンに派遣して、王立ブータン研究所などからGNHのエッセンスを学ぶことから始めました。私が知る限り、世界でも唯一の自治体だと思います。

荒川区が中心となり、二〇一三年には「住民の幸福実感向上を目指す基礎自治体連合」、通称「幸せリーグ」という地方自治体連合が結成されています（表8-2参照）。競争し合うというよりは、みんなで相互に学び合って、真に住民本位の自治体を目指して、誰もが幸福を実感できる温かい地域社会を築いていこうというまちづくり宣言です。

表8-2　幸せリーグ発足

住民の幸福実感向上を目指して

本日、ここに、住民の幸福実感向上を目指す基礎自治体連合
通称　幸せリーグを結成し
住民の幸福の追求という共通の使命のもと
志を同じくする基礎自治体が
相互に学び合い、高め合うことを通じて
真に住民本位の自治体運営を実現し
誰もが幸福を実感できるあたたかい地域社会を
築いていくことを宣言する

平成25年6月5日
住民の幸福実感向上を目指す基礎自治体連合

幸せリーグの参加自治体数は一〇〇前後のようで、幸せ指標をつくるグループやよりよい地域をつくる政策を工夫するグループが活動していると聞いています。

私は、ブータンGNHにかかわりを持ち、強い関心を持ってきましたが、専門家であり、また、県民として関わりを持っているのが、兵庫県の「二一世紀兵庫長期ビジョン」プロジェクトです（図8-5参照）。兵庫県の長期のあるべき姿、つまり、ビジョンを描き、その実現を目指していこうというプロジェクトで、ブータンがGNH指標をつくろうと言いだす前から、この取り組みは始まっていました。兵庫県は、一九九五年に阪神・淡路大震災がありました。この被災経験も手伝って、兵庫県の将来をどうするか、県民に参画と協働を働きかけていく長期の取り

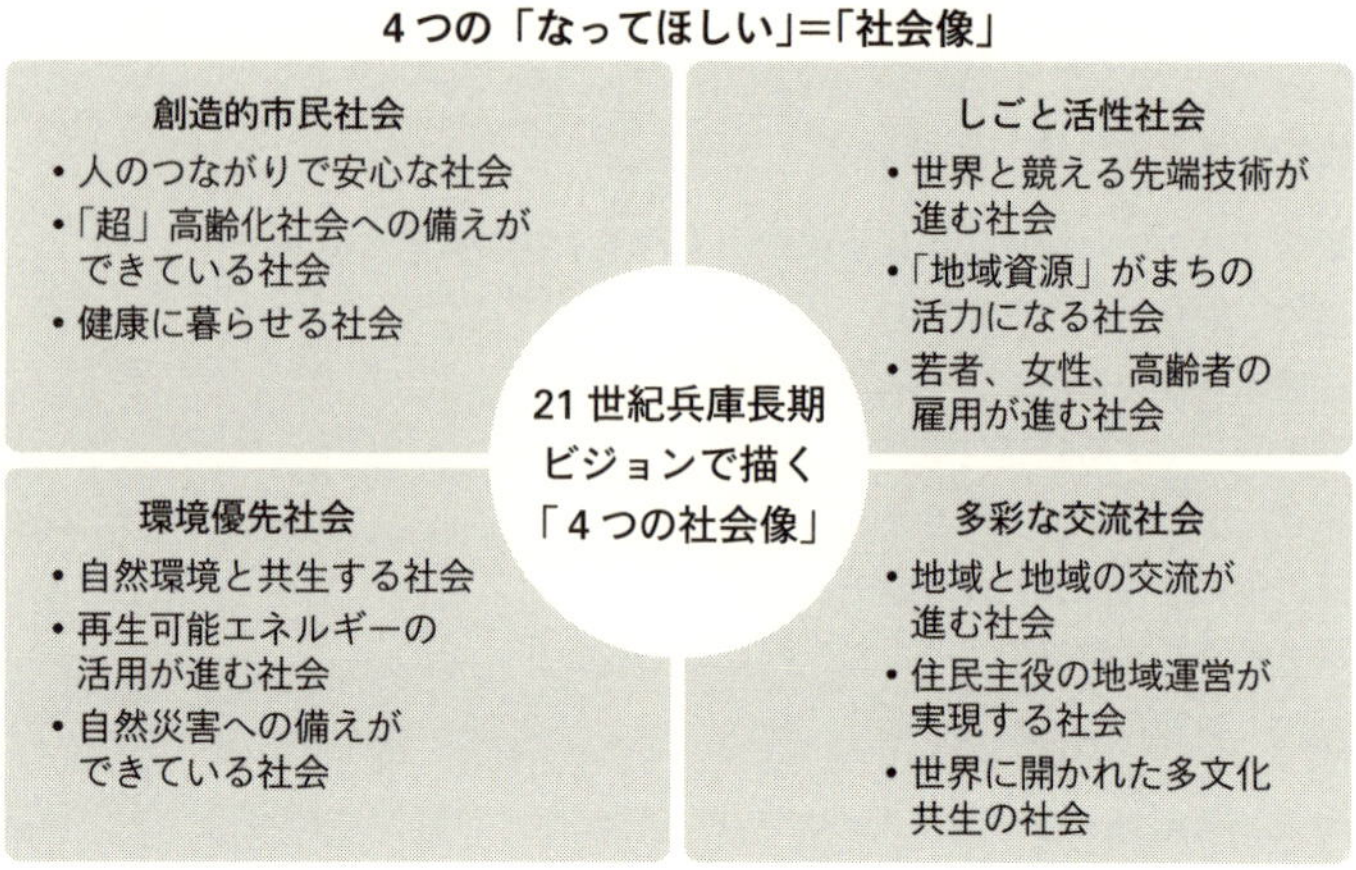
4つの「なってほしい」=「社会像」
創造的市民社会
• 人のつながりで安心な社会
• 「超」高齢化社会への備えができている社会
• 健康に暮らせる社会
しごと活性社会
• 世界と競える先端技術が進む社会
• 「地域資源」がまちの活力になる社会
• 若者、女性、高齢者の雇用が進む社会
21世紀兵庫長期ビジョンで描く「4つの社会像」
環境優先社会
• 自然環境と共生する社会
• 再生可能エネルギーの活用が進む社会
• 自然災害への備えができている社会
多彩な交流社会
• 地域と地域の交流が進む社会
• 住民主役の地域運営が実現する社会
• 世界に開かれた多文化共生の社会

図8-5　21世紀兵庫長期ビジョン

組みを始めたわけです。

将来の長期ビジョンづくりは、県民の声を拾い上げるという活動から始まりました。県民に二〇三〇年の兵庫県の姿を構想してもらい、二〇三〇年の県全体のビジョンをまとめました。その後、改訂版を作り、目標年は二〇四〇年になっています。

兵庫県のビジョンは、四つの柱があります。創造的市民社会、しごと活性社会、環境優先社会、それから、多彩な交流社会。これが兵庫県の長期ビジョンで描いた四つの社会像です。将来像が四つの柱ごとに三つずつあって、このビジョンは一二の将来像から成り立っています。人と人のつながりが大事とか、健康が大切ですよとか、挑戦する人をつくろうとか、産業の育成ですね。地域とともに属する産業が大事だとか、生きがいにあふれた仕事づくり、人と自然が共生する地域とか、低炭素で資源を生かす先進地になりたいとか、災害に強い安全・安心な基盤を整える、地域の交流・持続を支える基盤を整えよう、個性を生かした地域の自立と地域間連携で元気を生み出し、世界との交流を兵庫の未来へ結ぶという一二項目です。また、兵庫県は、県全体のビジョンに加えて、兵庫県を構成する一〇の各地域（県民局単位）ごとに、地域ビジョンをつくっています。但馬というのは、本当に自然が豊富です。兵庫県には淡路島もあるし、神戸という大都市もあります。それぞれにユニークな地域なのです。地域が違うのであれば、それぞれの地域ごとに何が大事かを決めたらいいですよという形にしていて、地域ビジョンをそれぞれのやり方でフォローアップしていこうというしくみになっています。

チェックをするためには、フォローアップのスキームづくりが必要です。ブータンのＧＮＨ指標に近いものです。社会がどう変わっていくのかということを把握していかないといけない。そこで、私も参画して、兵庫県と共同で「兵庫のゆたかさ指標（Hyogo Well-being Index）」を作りました。県民の主観に基づく生活評価指標です。詳細には触れませんが、この指標を開発する際に、ブータンのＧＮＨ指標を参考にしました。

兵庫県は、県民意識調査を毎年一度実施していて、そのデータを用いて、兵庫のゆたかさ指標を計測しています。指標では、一二の将来像に関連付けて整理していますから、毎年データを計測しつつ、指標得点を見れば、いまどうなっているのかという変化がよくわかります。県民局単位の比較、男性と女性ではどうなっているのかとか、お年寄りはどうなっているのか、というように個人の特質ごとにチェックすることもできるわけです。国家単位ではありませんが、県レベルのＧＮＨの実用化の取り組みと思います。

おわりに

ＧＮＨの今後について触れ、この章の話をまとめます。ＧＮＨをシステム化するためには、ブータン一国だけでは不十分と思っています。日本を始めとして、ブータン以外の国でＧＮＨシステムが大事なのだというふうに転換していかなければ、たぶんうまくいかないでしょう。

ブータンのＧＮＨを懐古主義的に評価するのは間違いだと思っています。つまり、経済成長型近代化を始める前の昔を参考にして、国を作ろうなどと考えているわけではありません。先ほど申し上げたように、ブータン社会の個性を保ちながら、独自の近代化モデルを追求することが命題なのです。

実際、ブータンは、科学技術を捨象するとは、一言も言っていません。たとえば、ブータンが電気自動車を採り入れることを決めた、という話はいい例です。ブータンＧＮＨに沿って、選択すべきことが見つかれば、それを思い切って選択していくわけです。

日本を含む世界の先進国にとっては、ＧＮＨは、従来型の社会発展モデルの進化形に位置付けるべきであると考えています。

何よりも、いま、求められているのは、実際にＧＮＨ型社会の構築へと舵を切ることだと思います。新しい社会づくり、社会の進化を把握するためには、ＧＮＨ指標も必要ですが、それとともに、何が起きているのかという個々の生活目線のストーリーに目を向けることも重要と考えています。生活の質や幸せな生活とは何かを具体的に伝え合うストーリーには、社会を変える力があると感じています。

みなさんも、ＧＮＨ的な生き方を見つけたなら、それをぜひまわりの人と語り合っていただければ、と思います。幸せが幸せを呼ぶ、それが、ＧＮＨ社会に進化していく秘訣ではないかと思っています。

第9章 「関係性」から読み解くGNH（国民総幸福）

上田晶子

自己紹介と内容の概略

最初に、簡単に自己紹介をさせていただいて、そのあと、ブータンの概要、そして、Gross National Happiness（GNH：国民総幸福）という、ブータン政府が、ブータンの開発でいちばんの目標として掲げている概念について、お話しします。そして、GNHの視点から社会、あるいは私たちの日常生活を眺めてみると、どんなことが見えてくるだろうかということを、ご一緒に考えてみたいと思っています。そのような視点で社会や私たちの日常を見てみると、今まで私たちがあまり注意を払っていなかった側面が、見えてくるのではないだろうかと思います。「GNH」と「関係性」をキーワードに、日常生活を眺めてみると何が見えてくるか、私が考えていることも少しお話ししたいと思います。

この章では、GNHという政策、国民総幸福を目指した政策そのものというよりも、その政策の背後にある思考回路や、視点の置き方ということを主に述べさせていただいて、その視点を私たちの生活に応用してみると、日常生活がどのように見えてくるのかをお話ししたいと思っています。

まずは、私とブータンとの関わりを、自己紹介としてお話しします。私が初めてブータンに行ったのが一九九六年でした。そのころ、ロンドン大学のアジア・アフリカの地域研究を主にやっているカレッジで、開発学を専攻する博士課程の学生だったのですが、「ハピネス」ということを、開発政策の大上段に掲げている国というのは実際どのような国なのだろうと、とても知的好奇心を刺激されて、ぜひともブータンを題材に自分の博士論文を書いてみたいと思ったのです。

博士論文を完成させるためには、一年ぐらい滞在が必要な性質の研究をしておりましたが、ブータンに一年間滞在する許可が出るかどうかというのは、当時ブータンに関係している様々な方々にお会いしてお話をうかがっても、可能性はあまり高くないのではないだろうかという感触のお話をいただくことが多かったのです。イギリスでも日本でもそうでした。

本当に運がよかったとしか説明のしようがないのですが、様々なご縁がつながって、いろいろな方が、やりたいという私の気持ちをサポートしてくださったおかげで、一年間、当時の保健教育省（いまは、保健省と教育省は二つに分かれていますが）にある教育部に所属して、若者たちにターゲットを絞って調査をしていいですよという許可をいただきました。それが、私のブータンでの最初の長期滞在でした。

その後、調査が終わって、ロンドンに帰って博士論文を完成させたあと、三年弱、インドのデリーで仕事をしていました。その後、また思いがけず、国連開発計画（UNDP）という国連機関のブータンの事務所でコーディネーション・オフィサーとして三年間仕事をするという機会に恵まれました。

ブータンのGNHの考え方

ブータンは、地理的には北に中国、南にインドと、アジアの大国にはさまれた、地政学上は非常に微妙な場所にある国です。国の大きさは、九州と同じぐらいという言い方をよくします。ほかの国との比較で言うと、スイスと同じぐらいという言い方もできます。そこに、二〇一三年の推定人口で、約七三万人の方々が住んでいます（National Statistics Bureau, 2013:1）。

ＧＮＨということを最初に言ったのは、現国王の父にあたる第四代のブータン国王ジクメ・センゲ・ワンチュック（在位一九七二-二〇〇六）です。彼が一九七〇年代に、"GNH is more important than GNP"と言いました。経済成長よりも国民の幸福を第一に考えた政策をする、そのことがより大事なんだ、ということを言ったのが最初です。

ＧＮＨの考え方やその背後にある思考というのは、ブータンの首脳陣がさまざまな機会に行うスピーチの中に、より明確に表れてくることが多いように私は思います。たとえば、前の首相であるジクメ・ティンレイ氏は、「政府の究極の目標は、国民の幸福の増大化である」ということをはっきりおっしゃっています（Thinley, 1998）。王立ブータン研究所所長ダショー・カルマ・ウラ氏は、「ＧＮＨの考え方で最も重要なのは、個々人が、社会の他の存在（人間であろうとほかの生き物であろうと）に損害を与えながら、自分の幸福を達成するということはあってはいけないということである。社会全体の幸福を達成するためには、我々は、無責任で自己中心的な幸福の最大化というレベルを超えた視点を持たなければならない」ということをおっしゃっています（Ura, 2008）。

このあたりの発言が、ブータンで言っている幸福というのは、われわれが、幸せとか、幸福という言葉を聞いたときに反射的に思い浮かべるような幸福とは、もしかしたら少し違うことを言っているのではないかということを、少し匂わせるような言葉であったりします。この点についてはもう少しあとで、詳細に申し上げることにします。

GNHの政策を支える仕組みとして、まず、ブータンの憲法にGNH、国民総幸福を最大化するということ、それに対する環境づくりが政府のいちばん大きな役割であるということが明記されています。政府としては、GNHには四つの柱があるということで政策を進めています。その四つの柱というのは、一つ目は社会経済的な発展、しかもそれが社会の中で格差がないようなかたちで進めていくということ。二つ目が、伝統文化の保護と促進、三つ目が自然環境の保護、四つ目が、「グッド・ガバナンス」といって、政府に対する人々の信頼や、政府の様々な機関が十分な行政サービスを住民にしていることが含まれます。これらをGNHの四つの柱と政府は位置付けています(Gross National Happiness Commission, 2013: 29-30)。ブータン政府は、五年ごとに開発政策をつくって、五カ年計画という形で発表しています。その計画をつくるときの最終的な調整をする機関が、GNH Commissionです。ご存じのかたも多いと思いますが、ブータン政府は、GNHの指標を作成し、九つの分野で統計データを取って、幸福度を数値化しています(表9-1)。

表9-1 GNHの指標 9つの分野

1	精神面の健康
2	良い統治
3	教育
4	健康
5	共同体の活性
6	時間の使い方とバランス
7	文化
8	生態系の多様性と回復力
9	生活水準

GNHの意味するところの幸福

先ほど、ブータンでいう「幸福」というのは、私たちが「幸福」とか「幸せ」という言葉を聞いたときに、直感的に連想するようなものとは、もしかしたらもう少し違う幸福を言っているのかもしれないという話をしましたけれども、直感的に連想する幸せや幸福というのは、みなさんにとってどのようなイメージでしょうか。もしかしたら、こんな感じかなというのが図9-1です。すごく楽しく、家族や、職場の人や、お友達と楽しい時間を持っているときがいちばん幸せを感じる、ハピネスを感じるときかもしれないですね。日本でいう「幸福」のイメージは、一般的に、このようなものではないかと思うのですけれども、今日は「関係性」ということをキーワードに、もう少しGNHが言っている幸福というのは何なのかというところを読み解いていきたいと思います。

次の言葉は、ダショー・カルマ・ウラ氏が、二〇〇八年にブータンの放送局のインタビューに答えたものです。

関係性――あるいは、状況を共有すること――から、幸福というのは自然に生まれるものです。幸福を追い求めていなくても、関係性が改善すれば、幸福というのは訪れるものなのです。関係性は幸福の根幹を成すものです。……よりよい関係性をもつには、よい動機と意図が特に重要であり、お金や物質的な豊かさは必ずしも必要ではありません。その意味で、幸福とは関係を改善すること

図9-1　日本人の幸福のイメージ

から生まれる副産物だともいえます。そして、外的な条件が自分に幸福を与えるものだと考えるのは、誤りです。開発や発展とは、究極的にはよりよい関係性を構築し、維持していくことができる能力のことだと理解することもできます。（Ura, 2008; 筆者訳）

関係性という視点から、ブータン政府が言っている幸福とは何なのかということを、非常に明確に説明していますし、たいへん重要なことが多く含まれていると思います。

この文章は、幸せというのは、自分が幸せになろうとして何か行動をすることによって得られるのではなく、関係性をうまくやっていこうという意識で日常生活を送っていれば、そこから自然に幸せというのは生まれてくるものですと言っています。そして、幸福を考えたとき、行為の動機や意図が非常に大切であって、物質的な豊かさというのは、幸福にとってそれほど大きな重要性は持たないということを言っています。

「開発や発展とは、究極的にはよりよい関係性を構築し、維持していくことができる能力のことだ」という部分の傍線は、私が引いたのですけれども、このような視点は、経済発展を重視してきた一般的な開発学の視点とは、まったく違う視点をもたらしてくれるものだと思います。どれだけいい関係性をつくれるかという個人の能力は、実はそれを意識的に涵養するに値するものであるということだと思います。

様々な関係性

では、関係性というのは、何と何の関係性のことを言っているのかということを考えてみたいと思います。もちろん、人と人との関係性、私とあなたの関係性というのがあります。それももちろん含まれますが、ブータンの文脈で言うと、仏教徒が多い国ですから、生きとし生けるものすべてが、自分の生活の視野に入ってきます。したがって、自分と自然環境との関係もここでいう「関係性」の中に入ってきますし、この世代と次の世代の関係をうまくやっていく、あるいは、私たちの世代と前の世代との関係をうまくやっていくということも含まれるでしょう。前の世代との関係は、具体的に言うと、前の世代の人たちが残してくれた伝統や何かの発明、科学的な発見など、先人が残したことを、自分たちはどういうふうに受け継いで、どういうふうに次に伝えていくか、その関係性の中での自分の役割をもう一度、考えてみるということだと思います。また、現代では、「持続可能性」ということが盛んに言われておりますが、自然環境や地球温暖化といったことについて、私たちはどういうものを次の世代に残していけるのかというところに思考が及ぶのも、この世代と次世代との関係性という視点からなのだと思います。

このような視点については、ダショー・カルマ・ウラ氏や、ほかのブータン政府の主要な人たちの発言の中に、非常に明確に表れています。このような話から、私は個人的に関係性というのは、たぶん今までに指摘した点だけではないだろうと、推測しています。たとえば、自分とモノやお金との関係性も、その関係性をうまくやっていると、気分は穏やかで、ストレスが少なくなるのではないかと考えます。お金との関係は、多過ぎてもトラブルのもとになり得るし、少な過ぎるのも困ったものだしと、実はすごく難しいのではないでしょうか。けれども、どのへんが自分にとってちょうどいいの

図9-2　関係性とは？

かと聞いてみると、それが自分であまりよく分かっていなかったりします。

私とあなたの関係、私と生きとし生けるものとの関係をビジュアルにすると、図9-2のようになると思います。収入源である職場での人間関係とか、生きとし生けるもの、自然であったり、あるいは家族との関係であったり、友人との関係、コミュニティーとの関係など、様々な関係性の中で私たちは生活しています。関係性に注意がいくということは、職場や自然環境や家族といった事柄それ自体に意識がいくというよりも、それらと自分を結んでいるこの矢印が問題になってくるのだと思います。自分がこれらのものとどういう関係にあるのか、この図の矢印のクオリティーがどうなっているかということが、重要になってくるのだと思います。

もう少し視野を広げて考えてみると、この人の友人がいらっしゃいますが、この方も同じくらいたくさんの関係性の中に生きているわけです（図9-3）。これがおそらく無限に、たとえば、日本の国内だけ見ると、その人口分の関係性の矢印がある。その矢印の中でみんな日常生活を送っていることになると思います。

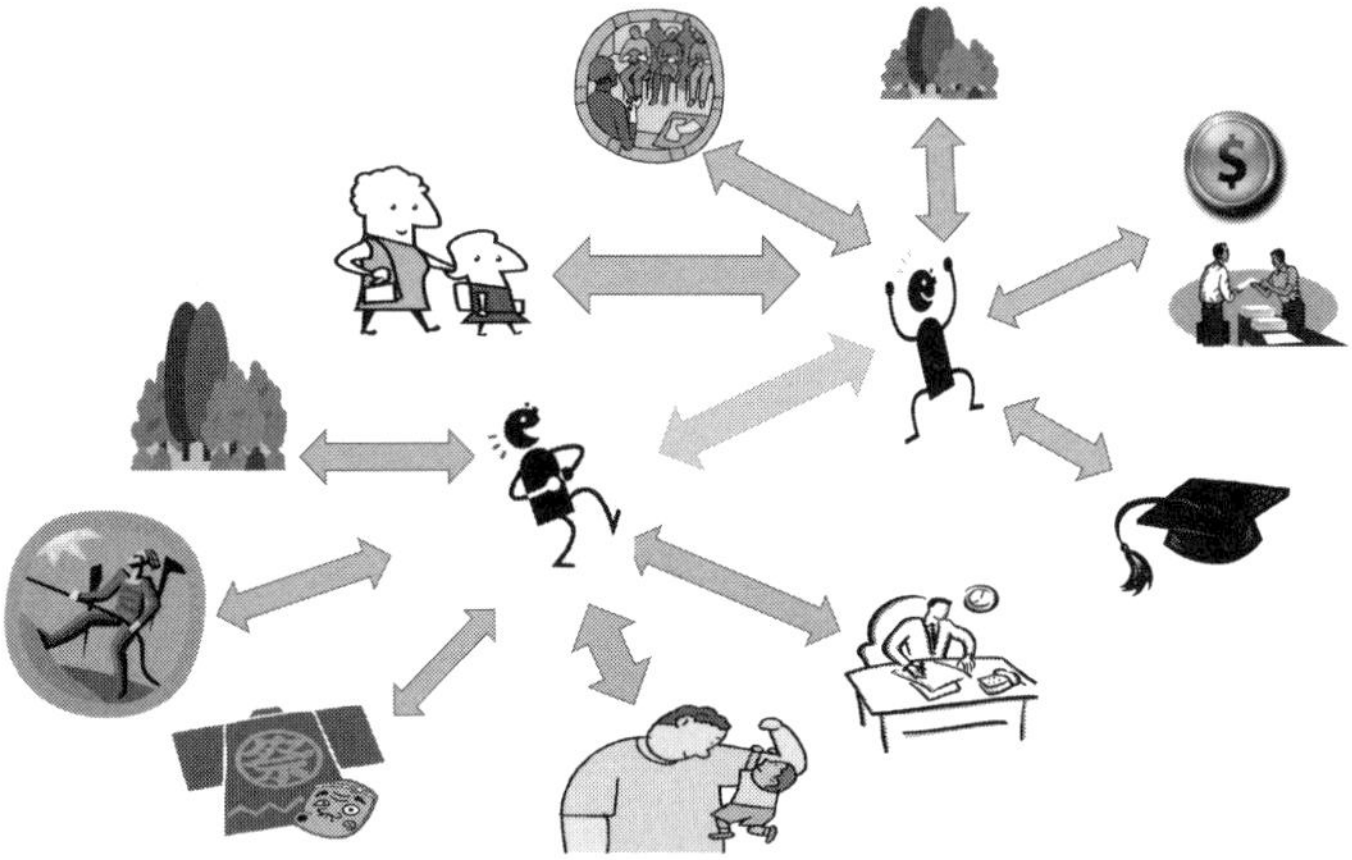

図9-3　「関係」は増殖する

　このように考えてみると、自分からの視点だけでものを見ているのとは、ずいぶん視野が変わってくるのではないでしょうか。たとえば、自分が図9-2のまん中にいるとします。私はこれだけの関係性を毎日なんとかやりくりして過ごしている。これだけの関係性をうまく毎日滑らせながらやっていかなければいけない。職場での人間関係もうまくやっていかなければいけないし、家族との関係もあるし、コミュニティー活動もやらなければいけない、きちんと自然にも配慮してやらなければいけない。

　しかし、自分がそういう関係性を毎日なんとか、やりくりしているというふうな意識になると、いま自分が話している友人も自分と同じくらい、あるいは、もしかしたらそれ以上に大変な関係性を毎日やりくりして、がんばって過ごしているのかもしれないというところに、少し思いが広がっていくと思うのです。たとえば職場の同僚が、家族の事情があって、思うほどきちんと仕事をしてくれない。家族の事情があるので、遠方には出張に行けませんということになったとしても、自分が関係性をうまくやろうとしているのと同様に、相手もやっぱりそれだけの関係性をやっていかなければいけないのだろうというふうに思考回路ができてくる。そうなると、もう少し視野が広がってくるのかなという気がします。

先ほど申し上げたように、関係性というのは、いまここに生きている、生きとし生けるものだけではなくて、過去に生きた人々もそうですし、これから生まれてくる人たちとの関係もそうですから、時間的にも広がりも出てくるだろうと思います。

先ほどのダショー・カルマ・ウラ氏の引用に戻りますけれども、彼は、それだけ広くて長い視野の関係性の中に自分が今いることを意識すること、そして、その関係性をうまくやっていくのに必要な能力が、実はいちばん大切なものではないだろうかという問題提起をしているわけです。

関係性の視点で日常生活を眺めてみる

このような視点で生活してみると、いままで見ていたものと違うものが日常生活の中で見えてくるのだろうか、あるいは、見えてこないのだろうかということについて、私が日常生活の中で、あるいはブータンと関わっていく中で感じたことを、少し整理してみなさんとシェアしたいと思います。

関係性をうまくやっていこうという視点で生活すると、まず、私が持っている関係性というのは何だろうかというところを、もう少し考えるようになります。家族や、友人や、同僚といった、そういう役割的なものもありますが、それだけではなく、その役割の質に関わるところも大きな部分です。友人は友人でも、いろんな友人がいて、この人と私の関係性はどうなっているのだろう、自分はどうしていきたいのだろうなどと、いろいろ考えがめぐります。

ブータンで友人と話をしていたときに、何かの拍子にその友人が、「でも、そういうことをすると関係性が変わってしまうでしょう」と言ったことがありました。「だから、そのようなことは、しない方がいいよ」という会話の流れだったのですが、おそらく、このような視点は、ブータン人にとってはそれほど特別なことではなく、自然にそのようなことを考えて日常生活を送っているのではないかと思います。

次に考え始めるのは、関係性をうまくやっていくというけれど、うまくやっていくのは、何をもって「うまくやっている」と言うことができるのだろうかということです。関係性というのは、固定されたものではないはずです。関係性というのは、常にいろいろな変化を経ています。ですから、「うまくやっていく」ことについて、固定的なかたちで、これがうまくいっている状態だと説明するのは、おそらく難しいと思うのです。

関係性を意識しながら日常生活を見ていくと、自分の行動が与えるインパクトを、前よりももう少し広い視野で考えるようになったというのが、私が感じたいちばん大きな違いでした。朝、通勤途中にキヨスクで新聞や飲み物を買ったりするときでも、キヨスクの売店の人と笑顔でやりとりする。そのようなときに、キヨスクで買い物をすることは、自分の生活の一部ですけれども、それと同じくらいに、自分も相手の一日の一部なのだという意識をもつようになります。自分がキヨスクの店員さんの立場になってみると、接するお客さんが全員、むすっとした顔で買い物にくるのと、半数ぐらいの人が笑顔で買い物をしてくれるのとでは、やはり彼女（彼）の一日の楽しさ加減は違ってくるだろうと想像できます。仕事をやっていてよかったなと思うかどうかも、おそらく違ってくることでしょう。

このように、自分の笑顔がその人の一日の一部になるということを考えると、自分の行動のひとつひとつに、違う意味合いが出てきます。

もう一つ、パン屋さんの例をあげて説明したいと思います。大阪に住んでいたときに、近所に、通りをはさんで向かい合わせで二軒のパン屋さんがありました。そのパン屋さんのうち、一方は普通のパン屋さんです。もう一方のパン屋さんは、知的障害のある人たちが運営して、パンをつくって売っていました。知的障害のある人たちが運営しているパン屋さんのほうが、同じ食パンの値段を比べても少し高いし、品数も非常に厳選されている。一方で、普通のパン屋さんのほうは本当にたくさんの種類の商品が並んでいました。自分がパンを買うときに、多くの種類の商品があるからとか、こちらのパン屋さんのほうが安いからといった動機でパン屋さんを選ぶのか、あるいはもう少し関係性の視点を応用して、私がいま使うこのパンの代金がどこに行くのかを考えてみる、あるいは、どういうふうにつくられてきたパンを自分が買うのかを考えてみると、もう少し何か違うアプローチになってくるわけです。

パンの代金にそれほど大きな違いはないかもしれませんが、それに対する意味付けが、かなり違ってくるのではないかと思います。似た例では、有機栽培の野菜を買うか、普通の慣行栽培のものを買うかという選択があります。有機栽培のものは、慣行栽培のものより少し割高な場合が多いですけれども、それを買うという自分の行動が、この先どういうインパクトを与えるのかという、そこの関係性を少し考え始めるようになるのです。おそらく化学肥料などは、有機栽培の方が少ないだろうから、環境への負荷がかなり少ないかたちで栽培しているのではないだろうかということから、自分と自然との関係性をどのようにしていきたいのかということを考えます。

あるいは、途上国で生産されたコーヒー、紅茶やスパイス類についても、フェア・トレード[1]というスキームを経て販売されているようなものがあります。普通の商品ではなく、フェア・トレードのものをわざわざ選んで買うということについても、どういう関係の中で商品が製造され、どういう流通経路に乗って、自分の目の前に来ているのかということを考え始めると、世界が少し違って見えてくるのではないかと思います。

次の例ですが、電車で席を譲るという行動があります。もちろん譲る人の親切と、譲られる人が「ありがとう」と言って受けて、座って楽しそうにしているという光景を目にすると、それはそれ自体でとてもいいことだと思うのです。そこからもう少し視点を広げると、その光景を、多くの人が、社会の中で目にしているという事実があります。若い人も含めてその光景を見ています。そのような状況が多くあると、席を譲るということが、特別な出来事ではなくなるように思います。その譲るという行為を、日常的にたくさん見ていれば、まわりの人たちも、今度自分たちが同じような状況になったときに、譲ることについての心理的なハードルが低くなるということが、おそらくあるのではないかと思います。「どうしようかな、譲ろうかな、譲るまいかな。でもあそこにお年寄りの人がいるし」と、逡巡する一分間か二分間があった後に、すごく高いハードルを越えて譲るのとは、違う状況が作られるように思います。そのようなことから、表9-2に「親切は増殖する」と書きましたけれども、日常的に親切がたくさんあると、それはどんどん増えていくのではないだろうかと考えています。

表9-2　関係性の中で行動してみる

「関係性をうまくやっていく」視点で生活すると日常の生活がどう見えるか。

1　どんな関係性なのかを問う。
　家族、友人、同僚……
　「関係性が変わってしまうでしょう?」

2　「うまくやっていく」とは?

3　自分の行動が与えるインパクトを考える。
　①朝のキヨスクで笑顔：自分もひとの1日の一部。
　②どちらのパン屋さんで買い物?（有機栽培、フェアトレード）
　③電車で席を譲る　→　親切は増殖する。
　④チャリティに協力　→　信頼の感覚。

このような意味で、関係性とその広がりや影響を社会の中で考えていくと、もっとおもしろいことを思いつくのではないか、おもしろいことが見えてくるのではないかという気がしてくるのです。

ブータンの中学生たちの行動

似たようなことですが、これはブータンで聞いた話です。私の知り合いの方の娘さんは一五歳、日本でいうなら中学三年生です。中学校を卒業して今度、高校一年生になるぐらいの年頃の娘さんが、学校のお友達と一緒に、薬物中毒の人の更生施設の活動資金に使ってもらうための募金を集めようとしたのだそうです。施設に寄付するお金をどういうふうに集めようかとお友達と考えて、主都ティンプーのユース・センターというところを借りてイベントをする企画を立てました。自分たちがダンスや歌を披露して、チケットの売り上げをすべて、薬物中毒の人たちの更生施設に寄付するという企画です。

中学を卒業したばかりの子たちは、そのイベントの準備のお金がまずは必要だというので、勇敢にもブータンのある新聞社に行って、「少しお金を寄付してください。イベントをするためで、そのイベントはチャリティーのイベントです」と説明してお願いしたのです。そのお願いに、新聞社の人たちは「現金はあげられないけれども、イベントのためのチケットが要るでしょう。私たちには印刷部門があるから、チケットを無料で印刷してあげましょう」と言ってくれたのだそうです。

そのあと彼女たちは、政府のあるオフィスを訪問して、企画の趣旨を説明して、寄付をお願いしたところ、五千ニュルタムを受け取ったそうです。為替レートで計算すると、日本円で一万円弱ぐらいですけれども、物価の差を勘案すると、私たちの感覚で、おそらく三万円から五万円ぐらいの金額に当たるのではないかと思います。

話を聞いていて、もし日本で一五、一六歳ぐらいの年齢の人たちが同様のことをしたら、まわりの人たちはどういう反応をしただろうかということがふと頭をかすめました。そして、このぐらいの年齢の子どもたちが、自分たちが何か社会のために役に立ちたいという意図で行動したときに、社会の大人たちが何らかのかたちで応えてあげている点は、たいへん重要だと思いました。そこが、社会の中での信頼の感覚につながるのではないかと思います。自分が社会の中で信頼してもらえているかどうかという感覚の醸成に、このような状況は大いに貢献していると思います。信頼しているから五千ニュルタム出してあげるとか、チケットを印刷してあげようという話になってくるわけです。

同時に、それは逆の信頼の矢印もあって、こういういい企画を自分たちがやったときに、社会の人たちがそれをサポートしてくれるだろうという、社会に対する信頼の感覚というのもあります。このような経験を若いときからしていくと、いいことをしたときに社会がサポートしてくれるという感覚は続くのではないでしょうか。それは、「いや、こんなことをやっても、たぶん誰もサポートしてくれないのではないか」と思ってしまうような状況とは、たいへん違ってくると思うのです。

関係性の中で考え行動する

このように、まず関係性という視点で自分のまわりを見たり、その中で行動してみると、どういうことになってくるでしょうか。多少高くても、有機栽培やフェア・トレードの商品を買ってみて、その生産や流通や消費の過程で、自分がどのような位置付けにあるのかを考えるようになるということが、一つの違いでしょう。そのようになると、次の段階として、有機栽培って何だろうとか、フェア・トレードは誰に対してフェアなんだろうとか、フェア・トレードのチョコレートと、フェア・トレードでないチョコレートを比べると、フェア・トレードのほうが高いけれども、その差額はいったいどこに行くんだろうといったことを知りたくなってくるのです。そうすると、有機栽培の定義を調べ始めたり、有機栽培についての議論に理解が深まるということもあるでしょう。

要は、関係性の中でものを考え始めると、何が何とどういうふうにつながっているのかをよりよく知らなければいけないような状況におかれるのです。そうなると、改めて実感するのは、日本はものすごく大変な場所だということです。何がものすごく大変な場所かというと、そのつながりが複雑過ぎて、よくわからない部分がたくさんあるということなのです。そのことに気が付き始める。

たとえば、このあいだ、ある方が、ブータンで手作りのアップルパイを焼いてくれたのですけれども、その方は、「これはバターがいいからおいしいんだよ」と解説するわけです。「このバターは、あの牛たちの牛乳からできているからね。あの牛たちは、あそこの高原の草しか食べてないからね」という話をするのです。ブータンの場合だと、そこまで比較的簡単にたどることができるのです。けれども、日本でアップルパイを焼くためにバターを買ってきて、そのバターのための牛乳を出した牛が何を食べていたかを知るのは、とても難しいことです。ですから、そのような比較をすると、日本は大変なところだなということを、改めて感じます。

いまでも覚えていますけれども、東日本大震災のときに、あるメーカーの納豆が出荷できなくなって、スーパーから、そのメーカーの納豆が消えたということがありました。いまでも印象に残っているのは、大豆を加工して納豆にする工場はきちんと稼働していて、その容器の供給にも問題はなかったのです。なぜそれが出荷できなくなったかというと、その容器の上に掛けてあるラッピングのフィルムをつくっている工場が東北の被災地にあり、その工場が稼働できなくなってしまったからだということでした。この状況に、どれだけものが複雑に関係しているのかということを、あらためて思い知らされたのですけれども、これは納豆やバターの例だけでなく、多くのものにあてはまることなのだろうということは、容易に想像がつきます。

先ほど図9-3で、関係性がもっと無数につながった中に自分がいるというお話をしましたが、そ

表9-3　「関係性をうまくやっていく」視点で行動

- 多少高くても、有機栽培、フェアトレードの商品を買ってみる→世の中がどのようにつながっているのかを知りたくなる。
- 自分を関係性の中に位置づけて考えるようになる。→タンゴ僧院へ登る道→「ただ乗り」しない。一見利他的に見えていた行動が、当然のことになる。
- 家族や友人と過ごす時間、仕事の時間、地域の活動、趣味の時間のバランス。
- 相手との関係がうまくいくためには、相手の生活もうまくいっていてほしい。
- 関係性の中で行動する以上、自分だけの意思では、どうにもならないこともある。相手があってこそ。

のことを考え始めると、どのような思考回路が始まるかという例をご紹介したいと思います。それは、「ただ乗り」しないという意識に関連するのですが、そのような意識が自分の中に生まれてくる局面があったので、これを紹介したいと思います。

「ただ乗り」をしない

タンゴ僧院というのがティンプーの谷の北の方にあります。前にも何度か訪ねていますが、去年の一一月頃に訪問したときのことです。タンゴ僧院へ登る道は、もともとは土を踏み固めた道で、そこを四五分ぐらい登っていくのです。ある程度きちんと踏み固められているので、それほどの不自由はないのですけれども、雨が降った後は少しぬかるみますし、ずっと雨が降らない乾期ですとほこりっぽくなったりする道でした。しかし、去年訪問しましたら、このようなきれいな石畳に整備されていました（図9-4）。

しかも石畳になっただけではなくて、石畳の道の両脇の木に、仏陀の教えを書いたサインボードが掲げられていたりしていました（図9-5）。このようなものを一つ一つ見ながら、ゆっくり石畳の道を登っていくと、何か本当に巡礼の道に来たのだなという気分にさせてくれるのです。僧院へ上がっていく途中で、ちょうど僧侶の方が上から降りていらっしゃったので、「石畳になってきれいになりましたね」とお話ししてみたのです。すると、その僧侶が、「道を石畳にして、そのまわりもこういうふうに整備しようというので、志のある方々が寄付をして、そのお金でこういうふうに整備したのですよ」とその成り立ちを教えてくれたのです。どこかの援助機関とか、国連とか、そういうところからの資金があってできたのかと私は思っていましたので、みなさんの寄付でできたのだと、そのときにわかったわけです。

僧院に着いてみると、訪問者のみなさんにタンゴの僧侶の方々がお茶とお菓子を出していました。私もありがたく頂戴しましたけれども、そのときに僧侶の方が「もしもよかったら寺院の発展のために少しご寄付をいただけたら」とおっしゃったのです。私が、いままで何回も来たタンゴへの道を、もっとフレッシュな気分で楽しんで、こうして登ってきたのは、誰か私の前にいた人が寄付をしたり、整備をしようというアイデアを出したりしてくれたからこそだということが、そのときに頭をよぎったのです。自分が大きな社会の様々な関係性の中にいるということが、そこに重なってくるのです。誰かがそれをやってくれたから、いま自分はこういうふうにエンジョイできる。だから、自分がもしできるのであれば、次に来る人のために何かをやっぱり残しておいてあげたい。そこで私は少しだけの寄付をさせていただきました。

図9-4　整備されたタンゴ僧院へ登る石畳の道

それは、先ほど表9-3の中で書いた「ただ乗り」をしないということだと思うのです。どなたかが残してくれたものを自分がエンジョイするだけだと「ただ乗り」になって

図9-5　石畳の道の脇に掲げられたサインボード

しまうような気が、そのときにしたのです。そうではなくて、やっぱり自分がそこでできることをする。

そうなってくると、その行動は、おそらく利他的な行動ではありません。社会の中での関係性の上に、自分が「ただ乗り」をしないという、ただそれだけの「当然」のことになってくる。関係性という視点でものごとを見始めると、そういう意味付けが行われるようになると思います。

関係性がもたらす幸せ

自分の関係性を考えながら生活してみると、仕事の時間と趣味の時間、友達と過ごす時間、家族の時間、そういうものを、やっぱりバランスよくやっていかないといけないという意識も出てきます。また、相手との関係をうまくやろうと思っていると、相手の持っているいろいろな関係性もうまくいってほしいと思い始めます。自分が向き合っている相手の生活で、何かうまくいっていないことがあると、もしかしたら自分も影響を受ける可能性があるかもしれません。そういうふうに考えてみると、自分と相手との関係がうまくいくためには、相手の生活全般、関係性全般も、頼むからうまくいってほしいと思う。それは、とりもなおさず元気でいてね、うまくやっていてねという、相手のことを願うことにつながっていくのではないかと思います。

もう一つは、これはわりと安心する部分ですけれども、関係性の中で自分が行動しているという意識でいると、その関係性の中にいる以上、自分の意思ではどうにもできないことがたくさんあるということに気づくようになります。自分だけではなく、関係性ですから、その関係性がどういう質と量になってくるかは、相手あってこそ成り立つものです。ですから、もしも何かうまくいかないことが起こったとしても、自分は関係性の中で生きているのだから、ある程度自分のコントロールの及ばない範囲が出てくる。それは当然のことだという意識が少し出てきて、何となく自分自身が少し安心するというか、慰められる部分でもあったりします。

このように見てくると、GNHという概念が提示しているものは、欲望に基づいた何かが実現されれば自分は幸せになると思っているという幸せビジョンとは明らかに違うものだということが、だんだんわかり始めてくると思います。関係性をうまくやることによって幸福は生まれるという立場に立つと、自分の欲望だけを実現しようとする行動はあまり役に立たないか、かえって問題を生むということに気づきます。関係性をうまくやろうとすると、かなり自己を律することが必要になる場面がたくさん出てくるでしょう。相手との関係をうまくやろうと思ったら、やっぱり自分は時々引っ込まなければいけない場面も出てきますし、相手を尊重する、信頼するということを心がけると、やはり自分を律することが必要になってくると思います。それは先ほ

表9-4　GNHが提示しているもの

1	関係をうまくやろうとすると、自己を律することが必要になる（↔欲望を実現して幸福になる）。
2	関係性の思考は、広く長い視野をもたらす。
3	物質的な豊かさは、一時のもの（新しいマグカップにもすぐ飽きるでしょ？）。精神的な豊かさは、もっと続くもの（小幸せ、中幸せ、大幸せ）。
4	肉体的な健康と同時に、精神面の健康も。

ど申し上げたように、欲望を実現することによって自分は幸福になれるというような考え方とは、大きく違うものです。

関係性の思考とは、先ほどから申し上げているように、非常に広く長い視野の上に立つということだと思います。「物質的な豊かさというのは一時的なものでしょう」とよくブータン人は言います。新しいマグカップを買っても、買ったときの、「やった、新しいかわいいマグカップを私は大好き」と思っている感覚と同じ感覚が一年後にありますかと、よくブータン人は聞きます。物質的な豊かさに由来する幸せは刹那的であり、周囲への影響という視点を往々にして欠いているのに対し、豊かな関係性がもたらす幸せは長く続き、自分だけでなく周囲も含む幸せだと理解することもできるでしょう。

注

1 いわゆる発展途上国と先進国とのあいだの貿易の公平をめざしたパートナーシップ。特に、発展途上国の貧しい生産者と労働者を支援し、既存の国際貿易の変革を求めている。フェア・トレードの理念にのっとった商品には、国際的なフェア・トレード認証団体から認証を受け、そのロゴを付しているものもある。

引用文献

Gross National Happiness Commission. *Eleventh Five Year Plan 2013-2018 Volume I: Main Document.* (Thimphu: Royal Government of Bhutan) 2013.

National Statistics Bureau. *Statistical Yearbook of Bhutan 2013* (Thimphu: Royal Government of Bhutan) 2013.

Thinley, J. Y. *Values and Development: Gross National Happiness.* The Keynote Speech Delivered at the Millennium Meeting for Asia and the Pacific, 30 October – 1 November 1998, Seoul, Republic of Korea. 1998.

Ura, K. *Understanding the Development Philosophy of Gross National Happiness.* Interview by BBS on 30 March 2008. 2008.

第Ⅳ部 ブータンの自然・環境

谷の風景（ティンプー川とパロ川が合流した直後のワン川）

第10章 ❖ 東ブータンの自然と農耕文化

安藤和雄

東ブータンとの出会い

私とブータンとの出会いは、インドでもっとも早く日が昇るといわれるアルナーチャル・プラデーシュ州西カメン県ディラン郡でのフィールドワークでした。二〇一〇年九月八日に私はブータンのタシガン県サクテン郡と接している標高四〇〇〇メートルのブータンとインドとの国境標識の地点にメディカル・キャンプの仲間とともに立ちました。このとき私たちは、アルナーチャル・プラデーシュ州タワン県と隣接する西カメン県の両県に集中して住んでいるモンパの内、移牧を生業とするブロックパ[1]の人たちが小屋をつくって夏場の仮の住家とする羊やヤクの放牧地に来ていました。そこでサクテンにヤクを連れて帰るというブロックパの人たちに出会ったのです。ブロックパは冬の間はヤクを三〇〇〇メートルくらいまで下げます。このサクテンの人たちとの出会いが、私がブータンにかかわるきっかけとなったのです。

二〇〇八年から私は総合地球環境研究所の通称「高所プロジェクト」（人の生老病死と高所環境「高地文

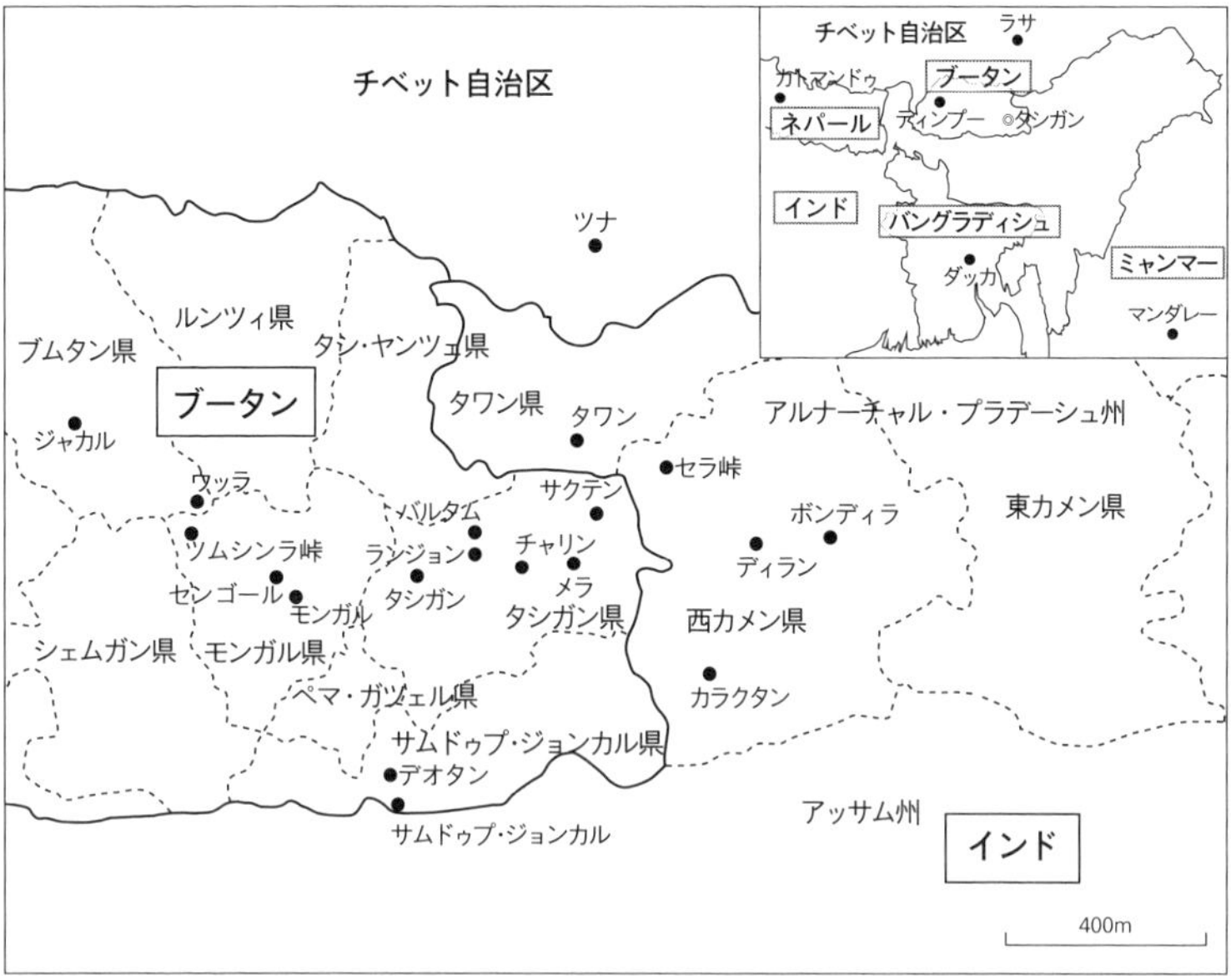

図10-1　東ブータン、インドのアルナーチャル・プラデーシュ州、チベット南部

明」における医学生理・生態・文化的適応、代表：奥宮清人）に参加し、西カメン県で農学と地理学の仲間たちと農業生態に関するフィールドワークを行い、医学関係の仲間たちと地元の学生や医療関係の協力を得てメディカル・キャンプを実施しました。その日はメディカル・キャンプの中休みと調査をかねて夏のヤクの放牧地を見に行こうということになったのです。

　西カメン県とタワン県の少数民族のマジョリティはモンパで、標高一八〇〇メートルから三五〇〇メートルの山岳地帯を生活圏にしています。標高一八〇〇メートルから二五〇〇メートルは耕地で、一八〇〇メートル前後には水田が、それより上では畑が広がっています。作物栽培を主な生業とするモンパの人々はウンパとも呼ばれ、それに対して、標高二五〇〇メートル以上の比較的高い土地で高地牛、ヤク、ヤクと高地牛との雑種であるゾウ（牡）、ゾモ（牝）を放牧して、バターやチーズづくりを主な生業とするモンパの人々はブロックパと呼ばれていました。

ディラン郡のモンパの人たちの話から、ブータンのメラ郡とサクテン郡にはブロックパの人たちが多く住んでいて、最近までわりと自由に行き来をし、妻をめとることもあったことや、チーズやバターをつくる道具をブータンから入れていた家族もあることが分かってきました。そこで私は、メラとサクテンに行くべきだと思いたち、宮本真二さん（当時は琵琶湖研究所、現在は岡山理科大学）と二人で二〇一〇年にトレッキングに入ったのです。

総勢九名のキャラバンでしたが、ロバや馬とのコミュニケーションがいかに楽しいものかということを私はこのトレッキングで知りました。東ブータンのタシガン県のチャリン村からメラへ、そして標高四一五三メートルのナクチュンラ峠を越えてサクテンへ、サクテンからジョングカール、ポンメーの村に抜ける八日間のトレッキングでした。翌年の二〇一一年にも同じトレッキングを実施し、補足の聞き取りを行いました。そして、二〇一二年にブータン王立大学シェラブッチェ校との共同調査研究をカリン郡やラディ郡の村々で開始したのです。

このように私のブータンの捉え方は一般的な西ブータンではなく、東ブータンのタシガン県のブロックパやシャルチョッパの村々から始まりました。ブータン唯一の国際空港であるパロ空港や首都ティンプーは西部にあり、毎回、パロ空港から東の端に位置するシェラブッチェ校への丸二日から三日の車の旅をしていると、車窓から見える集落の家屋や農耕地、二頭の牛にけん引させた犂《すき》やまぐわを用いた耕起に使われている犂などの農耕文化の違いが大変気になります。本章では私のこれまでのフィールドワークをふまえながら、東ブータンの自然環境や農耕文化の特徴を、周辺との関係から浮き彫りにしたいと思います。

図10-2　パロ空港着陸前に眼下にひろがる乾燥谷（2010年11月3日）

ブータンの乾燥谷

バンコクやコルカタからパロに向かう飛行機がブータンに入る手前で、天気がよい日には、進行方向に対して西側となる左方向の遠方の雲上に頭を出しているネパールヒマラヤの白い山塊が見えます。奥がエベレスト山系、手前がカンチェンジュンガ山系です。標高八〇〇〇メートルを超える世界第一位、第二位の高峰はいつも真っ白で、窓からはちょうど水平方向に見えます。飛行機が東方の右方向に大きく旋廻しはじめると、ブータンヒマラヤの迫力のある山並みが迫ってきます。パロ空港への最終滑走態勢に入った飛行機の窓からは、一本一本の針葉樹や、尾根に立つ農家をはっきりと捉えることができ、眼下には、パロ盆地が姿を現します。雨季であれば、一面の稲が育つ水田が、乾季であれば、水田の畦がネット状に広がるパロ谷の谷底平野が見えます。私たちはブータンが山岳国であることを強く印象づけられるのです。パロから首都のティンプーへは乾燥した谷間の中腹を通ります。対岸には乾いた山肌に針葉樹が育っています。日本人が思い描く森林というイメージからはかなりかけ離れた景観です。これがブータンの地形の一つの特徴である乾燥谷《かんそうこく》です（図10-2）。

自動車道路

ブータンの地図（図10-3）を見てください。この地図では標高三〇〇〇メートルの等高線以上の高地が灰色で塗られていて、乾燥谷が薄い灰色で示されています。これを見ると、標高三〇〇〇メートル以上の高地が南北に屏風のように立っていることが分かります。ヒマラヤを源として北から南に流れる川が深い谷をつくっているのです。

一九九〇年頃の少し古い地図ですが、基本的にはこの地図に示されたブータンの東西を結ぶ幹線道路（高速自動車道路）は一本あるのみで今もかわっていません。幹線道路は標高三〇〇〇メートルを超える山脈の峠をいくつも越えながら、標高二〇〇〇メートル前後から三〇〇〇メートルに位置する乾燥谷にある中核都市を結んでいます。パロからティンプーへの幹線道路は谷筋を利用して北から南へ走り、川の合流点から再び北へと川筋につけられています。

二〇〇〇年以降、この幹線道路以外に農道がたくさん作られ、集落と集落、集落と幹線道路が結ばれています。未舗装道路がまだまだ多いのですが、郡庁と郡庁を結ぶ農道は舗装が進んでいます。

また、都市間を結ぶ四本の自動車道路が南北に走っています。ここに記されている都市は、ブムタ

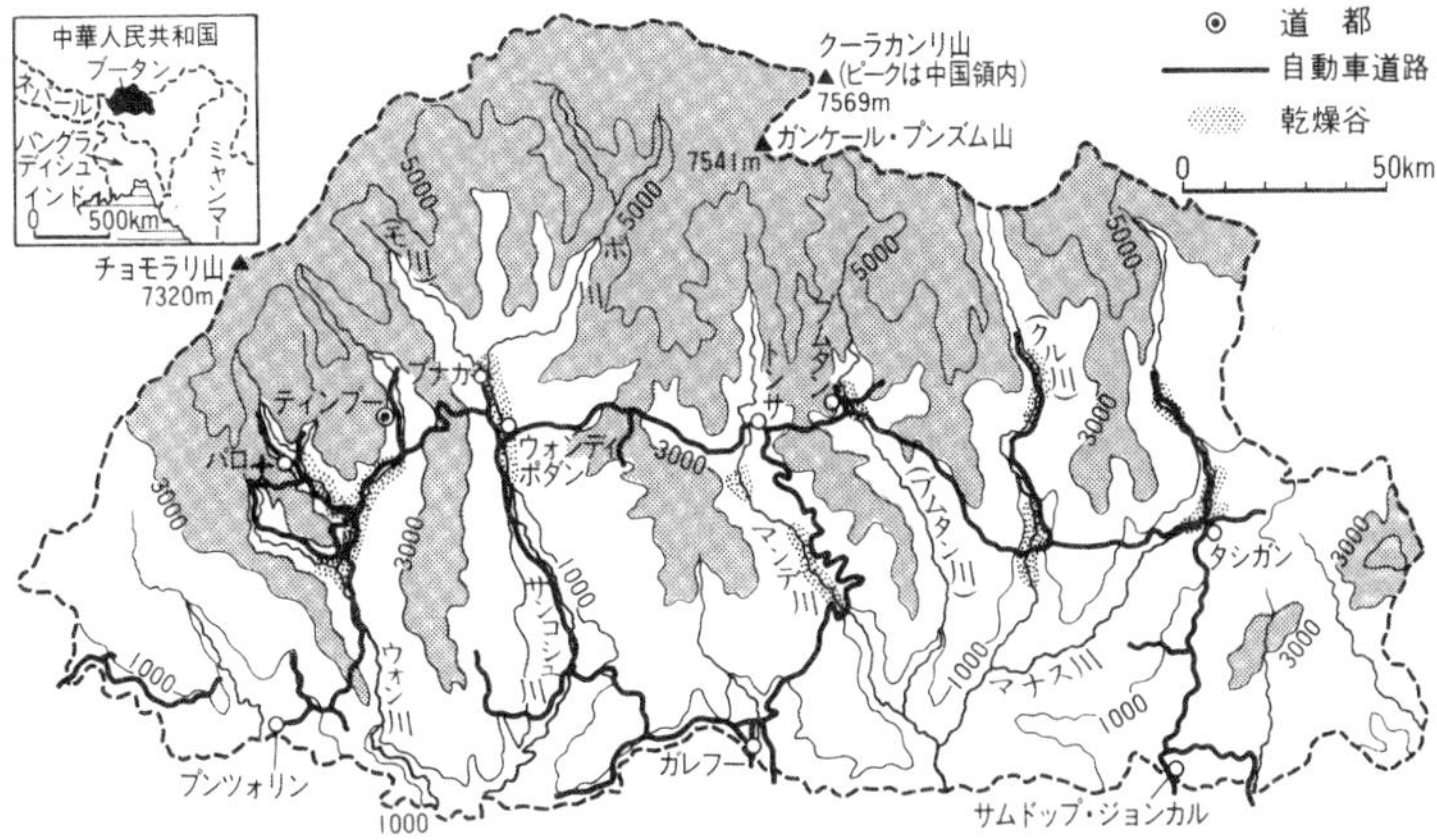

図10-3 標高3000mの等高線と高速自動車道路が描かれた1990年頃のブータンの地図（『地理』38巻10号、古今書院、1993年より）

ンを除き、人口がほぼ上位一〇位に入っている人口集中地です。人口はティンプーの九万人、プンツォリンの二万人、ガレフーの九千人（二〇〇五年）を除き、ほぼ二〇〇〇人～四〇〇〇人です。

パロ、ティンプーからタシガンを結ぶ東西の幹線道路は一九六五年に着工され、一九七五年に全線が開通しています。一方、南北の自動車道路はインドにつながる道でもあります。東西幹線道に先行して西ブータンのティンプーとインドとの国境の街プンツォリンを結ぶ道路は一九六二年、東ブータンのタシガンから国境の街サムドゥプ・ジョンカルの道路は一九六三年に着工され、六〇年代に全線開通しています。

ブータン人はビザもパスポートもなしでインド国内に自由に入ることができます。この取り決めのおかげで、ブータンの人たち、特に東の人たちは、ブータン東南のサムドゥプ・ジョンカルからインドに出て、インド内を西に走り、西南のプンツォリンから再びブータンに入ってティンプーに向かいます。

道路は人々の暮らしを大きく変えていくことになります。インドとの交易がいっそう活発になります。その典型が、後述するようにインドからの米の輸入であり、インドへのジャガイモの輸出です。ジャガイモの主産地である西ブータンのチャプチャと東ブータンのカリンでは、一九七〇年代初頭に道路の開通とともにジャガイモ栽培が拡大したのです。

生業と民族分布

歴史と生業に密接に関係しているチベット系とネパール系の民族分布パターンから考えると、ブータンは、チベット系の人々は、標高三〇〇〇メートル以上で牧畜を主な生業にしている人々、一〇〇〇メートルくらいから三〇〇〇メートルに広く住んでいる農耕を主な生業にしてきた人々に大まかに分類できます。そして、標高一〇〇〇メートル前後のブータンヒマラヤの裾野となっている地域に、英領期にイギリスとの関係で入植したネパール系の人々が住んでいます。

ブータンヒマラヤの裾野は平坦地ですが、熱帯低地の気候のため、標高一〇〇〇メートルから三〇〇〇メートルを主な居住圏としてきたチベット系の人々はほとんど利用してきませんでした。その典型が、国境を挟んだ西ベンガルのティスタ川からアッサム州のダンシリ川にかけての、長さ三五〇キロメートル、幅三〇キロメートルの平野で、ドゥアール（サンスクリット語で「入り口」）と呼ばれてきた地域です。一八六四-六五年のアングロ・ブータン戦争（ドゥアール戦争）で、その多くが英領インドに割譲されました。一九〜二〇世紀前半にかけて、ドゥアールにはインドとブータンとをつなぐ入り口が一八ありました。現在の国境の門であるブータン・ゲートのようなものです。ドゥアールは湿地帯で熱帯林の広がる地域で、英領インドのころまではマラリヤの巣窟といわれ、ゾウやトラ、サイ、シカなど獣の住む天然の要塞でした。現在は、都市周辺は利用されていますが、インド側にもブータン側にも保全地区に指定された地域が広がっています。したがって、このブータンで唯一の連続する狭い平らな地形もほとんど利用されていません。

図10-4　タシガン県バルタム郡の集落とその周辺の落葉樹林と照葉樹林、針葉樹林の混交林（2017年3月12日）

気候、植生、農業

私が調査で通っているタシガン県やモンガル県を中心とする東ブータンでは、西ブータンに比べて谷底平野が狭いので、集落や街、そして耕地は尾根や地すべり地形地に分布しているのが一般的です。乾燥谷でも湿った斜面ではヒマラヤマツやヒマラヤゴヨウマツなどの針葉樹から落葉するブナ科クヌギ属の広葉樹が多く出てくるようになります。乾季に行くと、標高二〇〇〇メートルくらいの集落のまわりには落葉したクヌギの類の林が広がっていて、そのまわりには常緑の松の針葉樹や、カシの類の広葉樹の混交林、あるいは照葉樹林が広がっています（図10-4）。この照葉樹林は日本にも共通し、ヒマラヤから日本に連続する照葉樹林文化論として注目を浴びたのがこの森林です。

照葉樹林帯を抜けると再び針葉樹林となりますが、松ではなく、モミやツガの森林です。二〇一七年三月上旬に東西をつなぐ自動車道路から見ると、標高二五〇〇メートルからはモミやツガにまざってシャクナゲやコブシの木々が赤、白の花を咲かせていました。そして、モミやツガの枝には、薄い布のように見えるサルオガセの類の地衣類をよく見かけるようになります。東西を結ぶ自動車道は標高二八〇〇メートルから四〇〇〇メートルくらいまでは湿潤森林帯を通っているのです。乾燥谷の都市では雨が降っていないのに、標高が高くなって湿潤森林帯に入ると雨が降ったり霧が出ていることがよくあります。サルオガセはそのことをよく物語っています。

ブータンでは大まかにいって六月から九月のモンスーンである雨期とそれ以外の乾期があり、高度によって気温は大きく異なります。タシガンの街は標高一一〇〇メートルと低く、年平均気温は約一九度、年平均降水量は約二五〇〇ミリメートルで、夏には三〇度近く、冬に一〇度を下まわりますが、雪は降りません。しかし、乾期の冬には標高三〇〇〇メートル以上では雪が降ります。インドとの国境沿いの南部、東部、そして西に行くにしたがって雨期は比較的短くなります。プレートテクストニクス理論が説くように、インドプレートがユーラシアプレートに衝突して下に潜り込んでひずみをつくったのがヒマラヤ山脈です。ヒマラヤの南部にはグレートヒマラヤ、インナーヒマラヤ、アウターヒマラヤの東西に延びる三つのしわが明瞭で、海抜二〇〇メートルまで河川はいっきに下降し、合流してガンジス、ブラマプトの大河になり、ベンガル湾に流れ込んでいます。したがって、隆起地形と河川の急傾斜には、山を削り、険しいV字谷と地すべり地形が発達しています。谷底平野も利用されますが、一般的に狭いので、よく発達した地すべり地形を利用して集落や畑や水田がつくられているのです。特に東ブータンではＶ字谷が発達し、農業集落だけではなく、タシガンなどのちょっとした田舎まちも尾根上に展開しています（図10-5）。

図10-5　バルタム村への道からタシガンの街（左の奥の尾根中腹）の立地とＶ字谷（2010年11月7日）

一方、ヒマラヤの北面の山麓はなだらかであり、標高三五〇〇〜五〇〇〇メートルのチベット高原がひろがっています。高原地形であるのでツアランポ（ブラマプトラ）川と支流がつくる氾濫原となっている平野は広く、私が調査にでかけた一一月は小麦と大麦の収穫時期でした。

しかし、東ブータンやアルナーチャル・プラデーシュ州のヒマラヤの南面では、乾燥谷といえども畑作物は天水栽培されています。稲は棚田栽培が中心となっていて、小さな谷の小川からひいた水路で灌漑されています。

ヒマラヤ山脈でモンスーンの雲が遮られるので、チベット高原一帯は半乾燥地帯であり、森林は発達せず、草原が広がり、畑作物は天水だけで栽培することはできません。高度と緯度が高いため気温も冷涼なので稲は栽培されません。ラサは標高約三六〇〇メートル、平均気温約八度、年間降水量は約五〇〇ミリメートルです。冬には雪が降るので、二〇〇八年八月末から九月初めに実施したラサ近くで

図10-6　ラサ近くの村の大麦の段畑（2005年9月）

の聞き取りによれば、雪を池にため、それを利用して大麦の畑が灌漑されていました。畑はなだらかな山麓が利用されるので一枚一枚が広い段畑となっていて、畦がしっかりとつくられていました。ヒマラヤの南面は乾燥谷といえどもマツの疎林が発達したモンスーンに影響された森の山の世界ですが、北面は半乾燥の草と高原の世界なのです（図10－6）。

東ブータンの農業の特徴

地方の言語や伝統的な服装と並び、農耕文化という言い方があるように、農業、とくにその土地に根ざした伝統農業や暮らし方はその土地の文化の特徴をよく表しています。ブータンのタシガン県のメラ郡とサクテン郡、インドのアルナーチャル・プラデーシュ州ディラン郡西カメン県で、移動牧畜を主な生業としているブロックパの人たちは、国境近辺の標高三〇〇〇メートル前後の尾根の地すべり地形を利用して集落を作っています。現在でも一般的に着用される伝統的な服装は同じで、家屋もよく似ています。これらの地域のブロックパの人たちは今でも主にチベット仏教のゲルク派を信仰しています。もともと一つであった地域を後から国境が二つに分断したのです。主な生業は牧畜です。ヤクと高地牛との雑種のゾウやゾモ、牛とミトン牛の雑種であるジャチャ（牡）やジャチュミン（牝）、そして、高地牛、羊、馬などを放牧しています。ゾウとジャチャは主に荷運び用に、ゾモとジャチュミンは搾乳目的で飼育されています。[2]

私たちのアルナーチャル・プラデーシュ州の主な調査地は、ディラン郡の谷と尾根に展開する村々でした。ディランでは、広くはありませんが標高約一八〇〇メートルに水田が広がる谷底平野とその周辺にも棚田があり水稲が作られていて、標高二〇〇〇メートル前後からは雨期にはトウモロコシ、大豆、ソバ、シコクビエなどが栽培されています。インド政府が貧困撲滅のために食糧配給制度を始め、米が低所得者層を中心に大量に低価格で配給されるようになる以前、そして政府が森林保全政策を打ち出すまでは、山の斜面では焼畑も行われていたと古老から聞きました。英領末期の農業状況の視察報告書も、少ない面積ですが、焼畑が水田作、常畑とともに行われていたことを記録しています。[3]水田はディラン川の支流や小さな枝谷から灌漑されていますが、畑は天水です。

私は二〇一〇年一一月三日に初めてパロ空港に降り立ちました。ブータンは国土面積がほぼ九州くらいであり、アルナーチャル・プラデーシュ州とともに東ヒマラヤと地理的には括られます。また、これまでの文献的な説明でも農業に関してはブータン国内における東西の地域差というよりは、高度による差異を強調して説明されています。基本的には農業は自然環境に強く規定されますので、高度差による温度差や降雨のパターンによるものでしょう。しかし、私がパロで見た農業や農村の姿は、アルナーチャル・プラデーシュ州のディランやタワンとは異なっていました。それは、ディランやタワンの谷とは異なるパロの広々とした乾燥谷の谷底平野に見た、西岡京治さんが確立させた足ふみ脱穀機、耕うん機などを使った農業近代化、アスファルトで舗装された農道や畦のしっかりとした水田、二階建ての広々とした立派で大きな伝統的家屋、川筋や街路樹に使われているヤナギの木々の風景でした。

ディランは家も小さく、この景観は東ブータンに入る手前のウッラやセンゴールの盆地まで類似していました。そこまでは道路もよく整備されていたのです。

しかし、こうした風景もセンゴールの盆地を過ぎてシャルチョッパと呼ばれる東ブータンの人たちの住む地域であるモンガルに入ると一変します。センゴールまでは道路も幅広かったのですが、東ブータンに入る車はどちらかが止まって道を譲らないとすれ違うことができないほど、東西幹線道路も道幅が狭くなっていました。東ブータンの低開発については、シャルチョッパのガイドのカルマさんから車中で聞かされていました。東ブータンではまだまだ農業も暮らしも伝統的な色彩が濃いというのがカルマさんからの事前情報でした。たしかに東ブータンの開発は遅れていましたが、私にとってはブータンの昔ながらの農村景観や農業の姿を知る大変よい機会となったのです。

犂と作物

今まで私が調査で訪れたブータンとその周辺地域であるチベット、ネパール、インドのビハール、アッサム、西ベンガル、そしてバングラデシュなどでは伝統的に常畑や水田の耕起には二頭の牛に牽引させた犂やまぐわが使われています。現在、トラクターや耕うん機にかわりつつありますが、ブータン、特に東ブータンではまだまだ牛による耕起作業も一般的です。

ネパールやインドで使用されている犂床はまっすぐ平らで長床犂のインド犂です。ティンプーからタシガンへの途中のブムタン近くの村で使用されていた犂もインド型の長床犂と板まぐわで、乾いた気候で用いられる典型的な犂とまぐわの特徴を備えていました（図10-7）。これらの犂やまぐわはどれもがアルナーチャル・プラデーシュ州の西カメン県のディラン村で見たものとは大きく異なっていたのです（図10－8）。ブータンの西と東では民族が異なるという程度の知識をもっていたので、むしろ西から東への車の移動ではブータンの西部とディランとの違いばかりが強調されました。それに拍車をかけたのが、西では谷底平野というよりも盆地地形がよく発達していたことです。モンガル県やタシガン県の景観を知って比較するならば、東ブータンでは――少なくとも幹線道路沿いでは――尾根の地すべり地形に開けた街や村という呼び方が似合っている、深く切れ込んだＶ字谷の連続でした。

トレッキングの出発点となったタシガン県チャリン村で目にした服装、家屋、農具は一転してディランと類似していたのです。チャリンの人たちは、キラやゴという伝統的なブータンの民族衣装とは異なり、ディランのモンパと変わらない民族衣装でした。使われていた犂やまぐわも、私がディラン

図10-7　ブムタン近郊の村でみた犂（2010年11月6日）

図10-8　ディランのモンパ犂（2008年9月4日）

図10-9　チャリン村で使われていたモンパ犂（2011年11月8日）

の村々でみた無床犂、T字型と梯子型のまぐわです。ブムタンで使われていたインド型長床犂や板まぐわとは一線を画した、ディランと同様にアッサムの犂とまぐわが独自に発展したとしか考えられない独特な犂やまぐわの形状だったのです（図10-9）。

チャリン村の標高は二〇〇〇メートル以上あります。したがって稲は一般には栽培されず、トウモロコシとソバが雨期の夏作に栽培され、乾期の冬作として小麦、大麦が栽培されています。トウモロコシには大豆が混作され、後作として、小麦、大麦やジャガイモが栽培されることもあります。二〇一〇年一一月の聞き取りでは、シコクビエの言及がない以外には稲を除けばディランの作物栽培と変わることがなかったのです。そして、トウモロコシは粉にひき、練りあげ、ブッペで食べます。現在、主食は米とひきわりされたトウモロコシとの混ぜご飯であるカランです。米は近くのラオジョンの街のマーケットで購入しています。チャリンの人たちは周辺の東ブータンのシャルチョッパの人たちからはモンパとも呼ばれますが、一般的にはブラミンと呼ばれています。八世紀頃にチベットとタワンが争いをしたときにチャリンに逃げてきたという伝承もあります。

ブータンの村落は基本的には農牧複合ですが、その比重の置き方は高度によって異なります。月原敏博さんは、表10-1のように、高地のヤク放牧と低地の水稲栽培を両極として「ヤクのゾーン」、「稲のゾーン」、両者の中間に、稲はできないが畑作の盛んな「中間のゾーン」としてブータンの生業様式の高度帯的構造をまとめています。チャリンは中間のゾーンに属し、他の地域同様に、生業は高度の影響を強く受けています。ブータンの高度と作付パターンを詳しく示したのが栗田靖之さんの図10-10です。ブータンでは作物と伝統的作付パターンは、ほぼ耕地の標高と灌漑用水のあるなし、集落か

表10-1　ブータンの生業の特徴と高度帯

	ヤクのゾーン	中間のゾーン	稲のゾーン
集落の標高	約3600mから4150m	約2500mから2900m	約2500m以下
作物帯	一毛作の畑作地帯	部分的に二毛作の畑作地帯	水田稲作地帯
住民の生業	生業の中心はヤクの移牧	生業は畑作と牧畜の複合	生業の中心は水田稲作
住民の性格	牧民的	半農半牧民的	農民的
重要家畜	ヤク、馬	ウシ、ヤク、ヒツジ、ウマ	ウシ、ブタ、ウマ、ロバなど
重要作物	大麦	ソバ、大麦、小麦	水稲、トウモロコシ シコクビエ、ソバなど

（月原敏博「生業様式によるブータンの高度帯」、月原敏博「ブータンの移牧と環境利用」『地理』38-10、古今書院、1993年、58頁より）

らの距離で決定されます。多少の地域差はありますが、ほぼ図10-10の作付パターンが基本形となっています。それは私が調査していたタワンとディランでも大差はありません。東ブータンのタシガン県での観察では、ソバとシコクビエはタワンやディランほどは作付けされていませんでした。

耕地の肥沃度維持はクヌギ属の落ち葉と家畜糞

タシガン県のシャルチョッパの人たちは、ブータンの他の地域同様にゴとキラを着て、チベット仏教もニンマ派が主流ですが、先にも述べたように、地形、気温、降雨などの自然環境に強く影響される農業は、よく似た自然環境のディランと類似するはずだという先入観をもって、私はチャリンから歩き始めたのです。ところが、すぐにこの先入観を打ち砕く景観に出会いました。牛小屋で牛糞堆肥が作られていたのを観察したのです。牛糞と広葉樹（主にブナ科クヌギ属）の落ち葉が混ざっていました。ディランやタワンでは牛小屋で牛糞堆肥が作られているのを見たことはありませんでした。しっかりした牛小屋が作られていて、そこで厩肥が作られていたのです。この方式による厩肥作りはチャリンに限っ

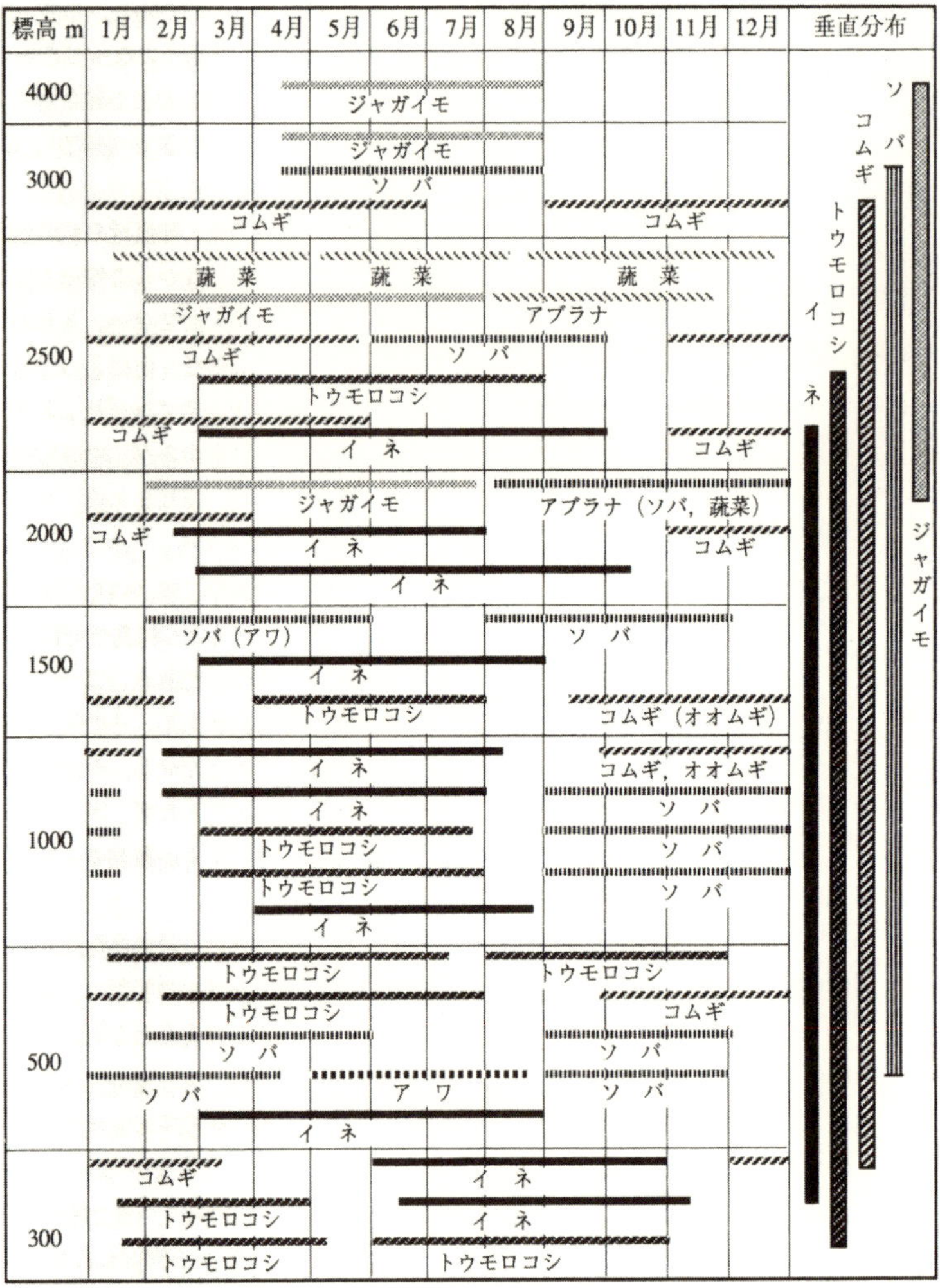

図10-10　ブータンの標高と多様な作付パターン
（栗田靖之「ブータンの標高ごとの栽培植物の種類と栽培季節」、西岡京治氏の資料により作成、栗田靖之「ブータン・ヒマラヤの環境利用と開発問題」『熱帯研究』5-3･4、日本熱帯生態学会、1993年、289頁より）

たことではなく東ブータンで広く行われていることを後の調査で知りました。厩肥作りは昔から行われているようで、主にトウモロコシの畑に施肥されているとのことでした。その後、三月に東ブータンのモンガル県やタシガン県を調査で訪れるようになると、背負ったかごに落ち葉を山と積んだ村人をよく見かけるようになりました。集落の周辺に設けられたクヌギ属の林はソクシンと呼ばれていますす。落ち葉がきれいに片づけられ、箒ではいたようになったクヌギ属の森林の林床を何度も見かけました。

ディランのモンパの人たちは厩肥は作らず、同じ時期に、トウモロコシを作付けする畑の一角に落ち葉を集めておきます。そしてトウモロコシを点播した畑の株間に落ち葉を敷き詰めます。そしてトウモロコシが十分に育ってきたころをみはからってソバを作付けしたり、大豆との混作をしています。一方、タシガン県では、大豆、ササゲのような豆との混作は村々で盛んに行われています。しかし、大豆との混作畑でも落ち葉によるマルチはしていませんでした。そこでは、乾期のすんだ二月から三月に林床に集められ、厩肥小屋で牛に踏ませ、厩肥としてトウモロコシ畑に運ばれます。二〇一六年三月のバルタム郡の調査で知ったのですが、クヌギ属の落ち葉をそのまま棚田に施していました。これらの技術は耕地の肥沃度を維持するためです。東ブータンのシャルチョッパもアルナーチャル・プラデーシュ州のモンパも耕地の壌肥沃度の維持には関心が高く、収穫後の水田や畑に、とくに夜に何頭もの牛をつないで糞をさせることもしています。この牛の糞を畑や水田に施す技術はブータン全土で一般的にみられるようです。また、私はインドでも同様な技術を観察しています。

ディランではブロックパとウンパの間で、チーズやバターとトウモロコシなどの作物とを物々交換するナッタンと呼ばれる特別な関係があります。東ブータンのシャルチョッパとブロックパの間でもこの関係があり、稲村哲也さんはメラのブロックパはその関係系をネプと呼んでいると記録しています[4]。私たちのシャルチョッパの調査郡の一つであるカリン郡の村々では、以前はブロックパに冬に数十頭もの羊をつれてきてもらって、村々で交易をする間、夜には畑に囲い込み糞を畑に入れることもやっていたという話を聞いています。

空き屋と通年休閑

私がよく通っているタシガン県のシャルチョッパの村は、カリン郡の村以外にもラディ郡の村、バルサム郡の村があります。カリンは畑作が広がっている村です(図10−11)。ラディは景観的には棚田がひろがっている村、バルサムは棚田と畑が入り交じった村です。タシガン県の三つの郡で現在もっとも問題となっているのが、空き屋と通年休閑(と現地の農業統計書は分類しますが実際は栽培放棄地)です。畑で五割、水田で三割くらいとなっています。空き屋の増加は、家を残して一家離村し、街へ出るせいです。日本と異なり、子ども、とくに娘が働いていて、子守に母親を呼び寄せれば父親も同行し、両親が子どものところに身を寄せることが多いのです。通年休閑はイノシシやサルなどの獣害が背景にあります。ブータンではGNHが国家の開発政策の基本とされていて、野生動物を殺すことは法律で禁じられています。そして、教育が無償となり、初等・中等教育を受けた若者が村から街にでて、村では労働力不足になっているのです。空き屋と通年休閑の問題は西ブータンやディラン郡ではまだ大きな問題とはなっていませんでした。

ブータンの現在の主食は米です。稲は棚田と焼畑で栽培されてきました。しかし、もともと耕地面積が少ない（国土の約二％）ので米は不足しています。そこでインドから輸入しています。その量は必要量の三割から四割だと言われています。タシガン県のシャルチョッパの村では、チャリンで聞いたように、砕いたトウモロコシを米にまぜて炊いたカランが主食として食べられてきました。このカランはディランのモンパの人たちも食べていました。ブータンでもジャガイモの主要産地となったカリンの村々ではジャガイモのインドへの販売で得た現金が重要な収入源であるとともに、主食はトウモロコシ、大麦などの雑穀から米にすっかり変化し、インドから入ってくる安いといわれている白いインド米を現金で購入しています。ラディ郡は東ブータンの米の重要な生産地ですが、品種は在来種がほとんどで、赤いジャポニカ米ですので、一目瞭然です。シャルチョッパの人たちは在来種の米を好みますが、品質がよいので、価格は二〇一四年のブータンの米に関する国際会議発表資料では、一キロが一・五米ドルでインドのバスマティ品種よりも高く、少量ですがヨーロッパや米国にも輸出されています。[5]

一方、ディランでも主食がトウモロコシ、シコクビエな

図10-11　カリン村でトウモロコシを点播する女性たちと伝統家屋（2017年3月9日）

どから米に変化していますが、それは一九六二年のインド中国紛争以来、軍の駐屯地が多くできたことで農外収入の機会が増えたことと、農村開発事業として食糧支援の名目で政府の配給所で安価な米が出回るようになったことからだといいます。商品作物としてはキャベツなどが入っていました。しかし、もっとも大きな違いはクヌギ属の落葉の使い方です。それぞれが独自に発達したのか、それともともとは同じであった技術が途中で変化したのか、大変興味があります。

周辺地域との言語の比較

ブータンの主要言語は、首都ティンプーが位置する西部の言葉でブータン国語となっているゾンカ語と東部のツァンラカ語（シャルチョップパ語）に加えて、中部のケンパ語などを含むブムタン語があります。ブムタン語はタワン語に近いとされています。南のインドとの国境沿いには、英領期に入植してきたとされるネパールの人々が住み、ネパール語が主要言語となっています。

興味深いことに、ディランでの調査の協力者で友人となった人たちから聞かされていたのは、モンパ（ウンパ）は大まかにタワン・モンパ、ディラン・モンパ、キャラクタン・モンパの三つのグループに分かれていて、ディラン・モンパとキャラクタン・モンパは言葉が通じるが、タワン・モンパとは言葉が通じず、タワン・モンパの言葉はどちらかというとチベット語に近いことと、ブロックパの人たちの言葉もまったくディラン・モンパ、キャラクタン・モンパとは異なり、どちらかといえばタワン・モンパと共通するところがあるようだ、ということでした。英領末期の民族に関するR・S・ケネディの発表資料（一九一四年）によれば、タワン県と西カメン県のほぼ県境となっている標高四〇〇〇メートルのセラ峠から東のモンパの人々はシャルチョッパと呼ばれていたと記されています[6]。今ではこうした呼び名はされていませんが、当時はそうであったようです（図10-1参照）。

前述したように、ブータンのタシガン県のブロックパの人たちの服装は、タワン県や西カメン県のモンパの人たちと同じでした。しかし、シャルチョッパの人たちは男性も女性もまったく異なっていました。タシガン県に通うようになってわかってきましたが、東ブータンの人たちはシャルチョッパと呼ばれ、シャルチョッパ語を話します。シャルチョッパ語はゾンカ語とは異なっています。服装は異なりますが、ショルチョッパ語はディラン・モンパ、キャラクタン・モンパの日常語に似ていて、西カメン県で働いていたショルチョッパの友人は日常会話に困ることはなかったといいます。言語的にショルチョッパの世界があると言えるのです。

ブロックパの人たちの伝承

時代は確定されていませんが、チャリンの人々は先に紹介したように八世紀あるいはそれ以上の相当古い時代にタワンから移り住んだという伝説を今でも伝えています。

シャルチョッパ、とくにタシガン県のシャルチョッパの村々には、メラやサクテンのブロックパ同様に「アマジョモ」と呼ばれる大地の女神信仰があります（図10-12）。アマジョモという名前はディランでも聞いたことがありますが、詳しい調査をしていないので実際どれほど信仰されているのかわかりません。しかし、タシガン県のシャルチョッパの村々やメラとサクテンのブロックパの間では、仏教と並んで信仰が篤いのです。たとえばラディ郡の通称ラディ・ラカン（ラディ寺）では本堂の脇にアマジョモを祀る堂が建てられています。カリン郡のある寺には特別にアマジョモが祀られている部屋があります。いずれも女人禁制で、女性はアマジョモが祀られた部屋に入ることはできません。

図10-12　ラディ寺に祀られていた額縁入りのアマジョモの絵

　ブロックパの人たちは、アマジョモのお告げを伝えるジャリパという名前のチベット仏教の僧侶に連れられて、チベット自治区のツナを経ち、タワンに入り、ジャン、サクテン、メラと移動してきたという伝説があります（図10-1参照）。詳しいことは割愛しますが、ツナを治めていた領主に無理難題を課せられた住民が領主を殺し、ジャリパに相談したところ、ジャリパの夢にアマジョモが現れ、カタとよばれる白いスカーフをなびかせたところ、メラ、サクテンの方向になびいたので、アマジョモが南に向かって逃げるように告げたのだといいます。領主側の追っ手を逃れるためにタワンに入ったとき、ジャリパの智慧で、ブロックパの人たちもモンパの服装をして、追っ手の目を欺いたといいます。最後にメラに定住したのは、そこで大麦が育ったからだということがメラの伝承に伝わっています。今ではメラでは作物栽培はされませんが、村での聞き取りでは、過去には大麦が栽培されたこともあったようです。サクテンでは牛の糞の施肥によって、ソバが栽培されています。ユニークなのは犂は使わず、掘り棒だけによる栽培方法がとられていることです。

　伝承を信じるのであれば、メラ、サクテンのブロックパの人たちはチベット自治区のツナから移住してきたのでしょう。ブロックパの言語もチベット語に似ていると言われます。移住の時期ははっきりしませんが、私は吐蕃の時代（七〜九世紀）ではなかったかと思っています。この時代には西ブータンがチベットの影響下に置かれ、チベット仏教が伝わるとともに、チベット系の人たちの移住があったことでしょう。ブロックパの人たちもチベットでの統一前の混乱と唐との戦争に関連して逃げてきたのではないかと私は推測しています。そしてブロックパの人たちはもともとはチベット文化の本流である農牧文化をもっていたのではないかと思います。その痕跡をサクテンのブロックパのソバ栽培や大麦栽培の伝承に認めることができます。それが農耕民であるモンパのウンパやシャルチョッパとの交流により移牧に特化していったのではないかというのが私の推測です。

シャルチョッパやモンパのウンパはどこからこの地に来たのでしょうか。この二つの民族が一緒なのか異なっているのかについても、現在たしかな口承も書かれた歴史もありません。しかし、はっきりしているのは、タワン・モンパあるはブラミンとディラン・モンパおよびキャラクタン・モンパのグループは異なるルーツであるらしいということです。ブロックパの伝承にあるように、ブロックパが移動したときにはすでにタワンにはモンパ（ブラミン）が居たのですから、たとえルーツが同じといえども、ブロックパに先行して古い時代に移住してきたと思われます。

急斜面畑とモンパ犂

東ブータンのシャルチョッパとディランのモンパの畑には共通点があります。それは登るのもけっこう骨が折れるほど畑の傾斜が急で天水栽培されていることです。チベットとの比較でより鮮明にな

図10-13　サムドゥプ・ジョンカル県の村で常畑化された焼畑でのジャガイモ作付けのための耕起（2017年3月8日）

り、西ブータンとも異なります。西ブータンの畑は段畑ではありませんが傾斜はゆるやかで長床犂も使えるのですが、急斜面畑では無床犂が使いやすいと言えるのではないでしょうか。二〇一七年三月に、最近まで焼畑が卓越し、傾斜畑ばかりの東ブータンの南部のサムドゥプ・ジョンカル県の村で現在も犂身と犂柄が一体化し、犂身に犂先を差し込むモンパ犂が使用されているのを観察しています（図10-13）。写真の傾斜畑はジャガイモの作付け準備です。二頭のジャチャがチャリンで見たモンパ犂（図10-9）に似た犂を牽引し、二名の男性が犂をコントロールしていました。まぐわは使わず（というか傾斜のために使えないのでしょう）、一人の女性が平鍬で土を砕いていました。ディランやタワン、モンガル、カリンで私が観察している傾斜畑での耕起作業とまったく同じでした。また、急斜面畑ではジャチャが犂をひくために好まれています。急斜面畑でのジャチャの制御は平地の耕地で犂を牽かせる一般牛よりも制御が難しいのでしょう、犂を制御する人、ジャチャを制御する人が必ず別々につきます。ジャチャは一般牛よりも大きく、力があります。チベットでは一般には使われていません。西ブータンでもジャチャは使われていますが、東ブータンから広まったと私は考えています。

急斜面畑は焼畑との連続性を強く連想させます。ブータン全土では現在焼畑は禁止されていますが、東ブータンではまだ黙認されています。このことでちょっと前までは、焼畑による森林保全等の問題が東ブータンに集中していました。チベットや西ブータンと比較すると、東ブータンのもっとも大きな農業的特徴となっているのです。焼畑はアルナーチャル・プラデーシュ州、そして東南アジア山岳地帯につながっていく農業的特徴だと指摘することができるでしょう。

西ブータンのインド犂とチベット犂は犂床（底）と犂身、犂柄がしっかりしていて犂先は鉄製で犂床の先端に差し込むかソケットのように被せる方式ですが（図10-14）、モンパ犂は犂床が欠落していて犂先は木製で犂身に突き刺します（図10-8）。ディランやタワンのモンパ犂は犂先が貫通しています。アッサムの古い犂は竹の犂先を犂床から犂身に貫通させてアタッチします。あくまで仮説的ですが、二〇〇九年九月二〇日にディラン郡のシャンティ村の古老からは、水田耕作は四～五世代前にアッサムから入り、犂とまぐわもアッサムから導入され、稲は以前は常畑と焼畑で水田とは違う品種を栽培していたと聞き取っています。モンパ犂の木製の犂先は急傾斜畑で石にあたっても割れにくいといいます。焼畑は鍬のみを使います。水田での犂の使用の前に焼畑が常畑化されることで犂やジャチャが改良されていったのではないかと私は考えています。ラディ村の狭い棚田では、小回りのきく無床犂が使いやすかったのでは

図10-14　ラサ近郊の村で使われていたチベット犂（2005年9月）

ないかと指摘できます。長床犂はある程度の広さと平坦なときに有効な耕起方法です。モンパとシャルチョッパの傾斜常畑は棚田が数十枚入る広さで犂を必要としています。

以上からわかっていただけたと思いますが、シャルチョッパ、モンパの人たちはチベット自治区のチベット人と同一な農耕文化圏とする見方がありますが、実は農耕文化的には大きく異なる文化をもった人たちなのです。

また、本章では議論することができませんでしたが、シャルチョッパとブロックパの移牧を支えているのが、夏の草地、冬の照葉樹林の飼い葉による牛の飼育です。ヤクは飼い葉は原則使わず、冬も枯れた草地に放牧します。したがって、ヤクのメスには閑乳期間（乳を搾らない期間）が冬に設定されています。枯れた草を食べさせていたのでは乳も出ないことは明白です。しかし、ヤクと高地牛の雑種であるゾモや一般の牛は、冬には常緑の照葉樹林の緑の葉や、春先のヤナギの新葉を食べさせることで搾乳を一年中維持しているのです。

また、東南アジアとの比較で考えれば、焼畑文化、棚田文化の背景をもつ人たちは乳文化、つまり牛の乳を積極的に利用する文化をもっていないのが一般的です。耕起用牛の必要度が低かったということも一因としてあるでしょう。シャルチョッパとモンパは見事にブロックパとの共生関係をきづくことで、焼畑文化・棚田文化に乳文化を組み込んでいると言えるのではないでしょうか。したがって、かりにチベット系の人たちが故地を一つとしていたとしても、かなり古い時代に、東ヒマラヤの南面に定住を開始したことは間違いないでしょう。

注

1　アルナーチャル・プラデーシュ州では、ブロックパは民族的にはモンパの中の一つのサブグループとして扱われることが多い（Shigh, 2009）。しかし、ディランのモンパの人たちはブロックパの人たちの言葉をよく理解できず、違った民族として考える人たちもいる。私は、後に記す東ブータンの伝説とディランのモンパとブロックパの日常言語の違いから、ブロックパはたとえモンパと同じグループだとしてもディランのモンパとは文化的にはかなり隔たりができてしまっている民族集団だと考えている。

2　ブロックパとブータンの移牧については、稲村哲也さんが分かりやすく報告している（稲村哲也『遊牧・移牧・定牧――モンゴル・チベット・ヒマラヤ・アンデスのフィールドから』ナカニシヤ出版、二〇一四年、一九九‐二四五頁。

3　J.P.Mills."A brief note on agriculture in the Dirang Dzong Area." *Man in India*(1946).

4　稲村哲也、前掲論文。

5　http://unctad.org/meetings/en/Presentation/aldc2014_BhutanTurin.pdf

6　J.N. Chowdhury."Arunachal panorama." Directorate of Research, Arunachal Pradesh. 1996. p39.
W. Roder et. al."Marketing Bhutanese Potato - Experiences, Challenges and Opportunities." Bhutan Potato Development Program Department of Agriculture, Bhutan. p7.2007.(http://cipotato.org/wp-content/uploads/2015/07/003850.pdf)

参考文献

『地理』三八‐一〇、「特集　ブータン王国」古今書院、一九九三年。

『熱帯研究』五‐三・四、「特集　熱帯高地の人と暮らし」日本熱帯生態学会、一九九三年。

佐々木高明編『農耕の技術と文化』集英社、一九九三年。

おわりに

私がブータンという国の存在を認識したのは二〇一〇年末のことでしたが、まさか自分がブータンとこれほど強いご縁をいただくことになろうとはまったく予想していませんでした。当時はブータンがどこにあるかもよく知らず、まして歴史や文化についてはほとんど知識がありませんでした。とりあえず、購入可能なブータン関連書を片っ端から読み進めていくことにしました。

しかしながら、当時、日本語で出版されていたブータン関連書はエッセイが大半で、専門書と呼べるものはきわめて少なく、結局、詳細については分からずじまいでした。そこで、ブータンに詳しい専門家の先生方から直接、お話をお聞きしたいと思うようになりました。実際にブータン研究者の先生方にお話をうかがったところ、耳にしたことのない話ばかりで面白く、独り占めをするのはもったいないと思いました。そこで、「今のお話をもう一回、一般公開型のブータン文化講座でお話しいただけませんか」とお願いしました。加えて、ご講演前には、あのトピックをもっと詳しく話してくださいとか、このトピックも加えてくださいとか、講演者の先生方に無理なお願いをしてしまいました。幸い、先生方は快く受け容れてくださり、これまで参加されたのべ一〇〇〇名の聴講者の方々から、たくさんの好意的なコメントをいただきました。その後、多くの方々から書籍化の要望をいただいたため、先生方に原稿の執筆をお願いし、この度の出版にいたりました。執筆者の先生方には心より感謝申し上げます。

私が二〇一一年にブータン研究を開始するに際し、今枝由郎先生にはブータン研究の手ほどきをいただきました。また、こころの未来研究センターにブータン学研究室を開設させていただいたおかげで、個人研究の枠を超えた規模のブータン研究を進めることができました。特に、吉川左紀子センター長は、ブータン研究のための最高の環境を整えてくださいました。現地では、王立ブータン研究所のダショー・カルマ・ウラ所長が、受け入れ研究者として計一〇回のブータン調査に協力してくださいました。また、公益財団法人上廣倫理財団様は、研究実績のまったくなかった時期からブータン研究のための助成を行ってくださり、ブータン文化講座の企画もご支援くださいました。

紙面の都合で全員のお名前は挙げられませんが、国内外の多くの方々のご助力のおかげで、ブータン研究が大きく前進し、本書の出版も実現することができました。特に、編集工房レイヴンの原章様には、和書の出版経験がなかった私の至らぬところをすべてカバーしていただきました。これまでお世話になった方々に、この場をお借りして改めて深く御礼申し上げる次第です。

本書を通じて、より多くの方がブータンに親しみを持ってくださることを心より願っております。

二〇一七年六月一日

熊谷誠慈

著者略歴

熊谷誠慈（くまがい・せいじ）　＊編著者

京都大学こころの未来研究センター上廣倫理財団寄付研究部門部門長、特定准教授。一九八〇年広島県生まれ。京都大学大学院文学研究科仏教学専修博士後期課程修了。京都大学博士（文学）。専門は仏教学（インド・チベット・ブータン）およびボン教研究。京都大学白眉センター助教、京都女子大学発達教育学部専任講師などを経て現職。京都大学こころの未来研究センター内に開設されたブータン学研究室でブータン仏教研究プロジェクト、京都大学ブータン研究会、ブータン文化講座の開催なども行っている。著書に*Bhutanese Buddhism and Its Culture*、『こころ学への挑戦』（共著、創元社）、論文に「ブータンにおける仏教と国民総幸福（ＧＮＨ）」など。

栗田靖之（くりた・やすゆき）

国立民族学博物館名誉教授。一九三九年大阪府生まれ。文化人類学者。京都大学大学院文学研究科博士課程単位取得退学。大阪女子大学学芸学部助教授、国立民族学博物館助教授、同教授などを歴任、二〇〇三年定年退職。専門はブータン王国の文化人類学的研究、特にブータン国立博物館の改修計画にみる開発人類学的研究、文化表象としての博物館。著書に『暮しの文化人類学』（共著、ＰＨＰ研究所）、編著に『現代日本文化における伝統と変容3　日本人の人間関係』（ドメス出版）、論文に「鎖国と観光 —— ブータン王国の事例」「ブータン・ヒマラヤの環境利用と開発問題」「ブータンにおける農業と牧畜」「ブータンの文化的アイデンティティについて」ほか多数。

今枝由郎（いまえだ・よしろう）

京都大学こころの未来研究センター特任教授。一九四七年愛知県生まれ。大谷大学卒業後、フランス国立科学研究センター研究員、研究ディレクターを歴任、二〇一二年定年退職。一九八一年から一九九〇年までブータン国立図書館顧問をつとめる。カリフォルニア州立大学バークレー校客員教授。パリ第七大学国家文学博士。専攻はチベット・ブータン歴史・文献学で、幅広い視点からチベット、ブータン研究に取り組む。著書に『ブータンのツェチュ祭 —— 神々との交感』（平河出版社）、『ブータン・風の祈り —— ニマルン寺の祭りと信仰』（平河出版社）、『ブータンに魅せられて』（岩波新書）、『ブータン —— 変貌するヒマラヤの仏教王国』（新装増補版、大東出版社）、『日本仏教から見たブータン仏教』（ＮＨＫブックス）など多数。

ツェリン・タシ

作家。一九七三年生まれ。著書に*The Mysteries of Raven Crown*、*Symbols of Bhutan*、*Bold Bhutan Beckons*（共著）など多数。ブータン王立自然保護協会（ＲＳＰＮ）理事など多くの役職を歴任。

ラムケサン・チューペル

ブータン王国経済省の工芸品振興事業団（ＡＰＩＣ）理事長。一九五五年生まれ。幼少期より仏教哲学およびブータンの伝統文化を学習する。現在はＡＰＩＣ理事長として、ブータンの伝統工芸の保護ならびに職人の育成、技術の向上に力を注いでいる。

西平　直(にしひら・ただし)

京都大学大学院教育学研究科教授。一九五七年甲府市生まれ。信州大学人文学部卒業。東京大学大学院教育学研究科博士課程修了。教育学博士。立教大学文学部助教授、東京大学大学院教育学研究科助教授等を経て現職。専門は教育人間学、死生学、哲学、比較思想。近年、ブータン社会における若者の意識調査を進めている。著書に『エリクソンの人間学』(東京大学出版会)、『魂のライフサイクル――ユング・ウィルバー・シュタイナー』(東京大学出版会)、『魂のアイデンティティ――心をめぐるある遍歴(自己の探求)』(金子書房)、『シュタイナー入門』(講談社現代新書)、『世阿弥の稽古哲学』(東京大学出版会)、『無心のダイナミズム――「しなやかさ」の系譜』(岩波現代全書)、『誕生のインファンティア』(みすず書房)ほか多数。

草郷孝好(くさごう・たかよし)

関西大学社会学部教授。一九六二年愛知県生まれ。東京大学経済学部卒業後、スタンフォード大学大学院修士課程修了、ウィスコンシン大学マディソン校大学院博士課程修了。Ｐｈ・Ｄ・(開発学)。国連開発計画(ＵＮＤＰ)開発政策局上級貧困削減政策アドバイザー、大阪大学大学院人間科学研究科准教授などを経て二〇〇九年より現職。「人間開発」の視点に立ち、人々が主体的により善い生き方を実現しうる社会のあり方を探求、研究成果を国際会議や論文を通じ、国内外に積極的に発信している。著書に『ＧＮＨ(国民総幸福)――みんなでつくる幸せ社会へ』(共著、海象社)など、論文に「『豊かさ』の再検討――『幸福‐公正‐環境』を統合する実践知の必要性」、「アクション・リサーチ」ほか多数。

上田晶子(うえだ・あきこ)

名古屋大学大学院国際開発研究科准教授。学習院大学法学部政治学科卒業、英国国立ランカスター大学政治・国際関係論学部大学院ディプロマ課程卒業、ロンドン大学東洋アフリカ学院開発学研究科博士課程修了(開発学博士)。在インド日本国大使館専門調査員、国連開発計画(ＵＮＤＰ)コーディネーションオフィサー、大阪大学グローバルコラボレーションセンター特任准教授などを経て現職。専門分野は開発言説、人的資源開発。近年は農村部におけるフードセキュリティに関する研究を行っている。著書に『ブータンにみる開発の概念――若者たちにとっての近代化と伝統文化』(明石書店)など、論文に「食料と人間の安全保障」、「関係性、充足、バランス：国民総幸福量(ＧＮＨ)の視点と実践」ほか多数。

安藤和雄(あんどう・かずお)

京都大学東南アジア地域研究研究所相関地域研究部門実践型地域研究推進室室長、准教授。一九五四年生まれ。静岡大学農学部卒業、京都大学農学研究科博士課程修了。専門は熱帯農学、地域研究、栽培学、農村開発、地理学、農業生態学。バングラデシュ、ブータン、ミャンマー、インド東北部、ラオスでくらされる地域とベンガルや東南アジアとの地域比較を行っている。著書に『続生老病死のエコロジー――ヒマラヤとアンデスに生きる身体・こころ・時間』(共著、昭和堂)など、論文に「農耕からみた『高地文明』としての東ヒマラヤの特徴」「グローバルな問題としての過疎・離農問題――ブータンと日本における実践型地域研究の取組」ほか多数。

ブータン――国民《こくみん》の幸《しあわ》せをめざす王国《おうこく》

2017年7月20日　第1版第1刷発行

編著者　熊谷誠慈

発行者　矢部敬一

発行所　株式会社 創元社
本　社　〒541-0047 大阪市中央区淡路町4-3-6
TEL.06-6231-9010(代)
東京支店　〒162-0825 東京都新宿区神楽坂4-3
煉瓦塔ビル
TEL.03-3269-1051
http://www.sogensha.co.jp/

印刷　株式会社 太洋社

ISBN978-4-422-36002-7　C0036